AF424315

JESSICA GONZÁLEZ

MAR
CHI
TOS

¿Qué viste cuando me miraste?
¿una herida o estrellas fugaces?

SHIKOBA
ediciones

Marchitos
© 2021, Jessica González

Segunda edición: diciembre 2021

© de esta edición:
Shikoba Ediciones
shikobaediciones@gmail.com

ISBN: 978-9915-9366-4-2

Corrección: Jessica González
Ilustraciones: Ana Novaes @ltg.art
Cubierta y diagramación: H. Kramer @h.kramer.arte

*"Sin embargo, dentro de todo esto que no entiendo,
me queda muy claro que te quiero, que no ha habido
un solo día que no te extrañe, que no te piense, que no
espere que rompas el silencio que he construido entre
nosotros y por fin un milagro suceda, algo más parecido
a las películas que vimos, a los libros que releemos; yo
aún sueño con un final de esos, porque siendo honesta, ha
sido muy sencillo sacarte de mi espacio, de mi entorno,
de mis redes; pero no así sacarte de mi alma, de mi
corazón, de mi mente, y sobra decir que ha sido imposible
borrarte de mis labios, de mi piel, de nuestra historia".*

MINA HARKER

Dedicado a:
las estrellas fugaces
los rayos de luz entrando por la ventana
y el café a toda hora

AGRADECIMIENTOS

A la tristeza que acogió nuestras almas.
A la vida por enseñarme a poner amor donde dolía.
A quienes quitaron mi piel vieja y crearon la nueva.

A Mina y Mica por el amor que pusieron
en cada rinconcito de este libro.

PRÓLOGO

Ella dice que están marchitos, que los versos que ha plasmado en estas hojas son versos llenos de dolor, de historias y personas rotas. Habla de cometas, incendios y derrumbes; de cuentos que no conocen los finales felices y sueños que no supieron hacerse realidad.

Cualquiera pensaría que esta chica rota sufre y no conoce el amor, pensarás que ha perdido el rumbo en la espera y se ha quedado colgada de promesas viejas, pero basta perderte en sus letras para entender que es adicta a la tristeza, que disfruta seduciendo a la nostalgia y ha aprendido a conquistar sus temores hasta hacerlos nada. Ella es una alquimista que transmuta el dolor en poesía, es una bruja, una maga, una niña; una anciana que no teme al peligro de lanzarse al vacío ni a los raspones y los versos marchitos. Ella sabe sanar heridas propias y ajenas, ama bonito y conoce la libertad de pertenecer a lo que nunca se ha tenido. Ella disfruta del café en soledad y del amor sin azúcar, ha aprendido a beber sus lágrimas con sal y tequila, danza con sus recuerdos y desnuda su alma al ritmo de la melancolía.

Ella toma mi mano y me invita a iniciar un viaje en el tiempo, disfrutamos de la primavera en Chernóbil y a paso lento vamos limpiando la energía y los derrumbes que llevamos dentro, nos rescatamos del pasado y lentamente vamos floreciendo, cortamos las enredaderas que aprisionan nuestros huesos y saboreamos la libertad de ser vida y de ser muerte, de ser flores marchitas y volcanes ardientes.

Ella dice que no existen los amores perfectos, que somos solo decimales y restos; lo dice mientras se funde con el universo, mientras se expande, muere y vuelve a nacer. La veo mudar de piel y tomar la forma de sus miedos, la veo estallar en mil pedazos y sucumbir frente a mis ojos como un par de torres que han marcado su invierno. Y cualquiera pensaría que estar roto es algo malo, pero ella me ha enseñado a amar lo roto, lo fracturado, ella me enseñó a amar el mundo, aun estando en pedazos.

Ella no olvida respirar, pero yo no sé si lo he hecho en todo este tiempo, me he perdido en su lado sensible, cursi e idealista, y he comenzado a soñar con seres perfectos, de otra dimensión, de otro planeta o de otro tiempo; ella me sacude suavemente y me recuerda estar alerta. "Cuídate de los que dicen *te amo* demasiado pronto", me dice, y vuelve a ponerme los pies en la tierra. Continuamos el viaje hablando de abstinencias y turistas emocionales, de recuerdos homicidas e imposibilidades. Me cuenta de las veces en que se sintió perdida y se encontró entre libros, de la vez que escapó de su realidad y murió fusilada a lado de un amigo. Seguimos avanzado entre los escombros, entre las ruinas del ayer, hemos escuchado 514 veces la canción que fue un himno y hoy solo es un eco que hipnotiza y adormece la esperanza. Ella me habla de la importancia de las comas, de los puntos suspensivos y las pausas, lo hace mientras aviva el fuego de su casa en llamas, me mira a los ojos y la veo fundirse entre las brasas, pienso que es un adiós, una despedida, pero ella me pide que sonría, que recuerde que no existen los puntos finales, así como no existe el adiós ni el olvido para los suicidas emocionales.

Mina Harker

UN DÍA TODO CAMBIÓ Y NO NOS DIMOS CUENTA

Un día tu mundo colisionó con el mío, nacieron verbos y tiempos nuevos, inventamos caricias y otras formas de hacer el amor. Un día nuestra vida cambió para siempre, y no lo sabíamos, porque desde entonces ya no somos los mismos. Hemos aprendido con el tiempo a amarnos entre pausas y silencios, entre besos y campanas de gloria. Un día mi rostro se iluminó por completo cuando me encontré en tu mirada y todas mis sombras hicieron el amor con las tuyas con hambre atrasada. Hubo un momento en que todo sucedió y no nos dimos cuenta.

El día que tu vida se dio de lleno con la mía.

TODO LO QUE SOY

Te regalo lo único que tengo en esta vida
este humilde cuerpo, al que puedes venir a amar
cuando caigan las estrellas del cielo
y no haya Dios alguno que adorar.

Te regalo la arritmia
con la que convivo desde hace años,
en este corazón de dos por cuatro
el espacio es pequeño,
pero te sorprendería ver cuánto cabe dentro.

Te regalo mi columna y su esclerosis múltiple,
cansada de haber cargado con tanto daño
por haber sido la que siempre intentaba
mantener a todos a salvo, menos a mí...
también te regalo mi hueco interclavicular,
ese lugar pequeño y delicado
para que deposites allí todos tus besos
el deseo y la euforia que yo te pueda provocar.

Lame mis clavículas
para aprenderte de memoria
el sabor de mis 206 huesos.
Puedes acariciar mis omóplatos
pecar en mis lunares,
contar cuántos besos caben en mi cuello
y cuántas caricias debes hacerme en el pelo

hasta quedarme dormida...
también acaricia el espacio que traigo
entre cada costilla
a veces allí escondo cosas,
secretos que quizá quieras averiguar
una noche de estas
entre besos y palabras mudas.

Te regalo mis ojos
para que veas como te miran cuando sonríes
y mi respiración, para que sientas como se entrecorta
cada vez que oigo tu nombre.

Ven, toma de este cuerpo lo que quieras
mi frecuencia cardíaca
mi presión arterial
mi ansiedad y mi pánico...
experimenta, juega, prueba.

Desfibrílame la vida,
hazme morir cien veces de tristeza
y revivir mil veces más de placer,
lléname de poesía,
mientras afuera los planetas se estrellan
por ver tanto caos y perfección juntos.

COMETA HALLEY

Una noche te sentaste en el cordón de la vereda, bajo la luz de la luna. Te llevaste mis lágrimas en un vaso de whisky con dos cubos de hielo y te pusiste a conversar con mis demonios y mis fantasmas.

Hiciste que cada uno de ellos se enamorara de ti, que no te tuvieran miedo ni desconfianza, los fuiste conquistando uno a uno. Los miraste a los ojos y les dijiste cosas que necesitaban oír, les diste tu tiempo y atención, y ellos, por primera vez en mucho tiempo, bajaron la guardia, se volvieron vulnerables al tono de tu voz.

Esa noche, verte así, calmando con tanta paz a mis demonios, fue como avistar el cometa Halley, un acontecimiento que solo se da una vez en la vida. Desde ese día mi reloj se detuvo, ya no sé en qué año o día vivo, solo sé que cuando pienso en ti, las razones obvias dejan de tener sentido y mi corazón se prepara resignificar el amor.

El amor es una fuerza que empuja y arrasa con todo.

El amor es una fuente de energía
inagotable, renovable, única.

El amor te transforma, te impulsa, te intensifica.
El amor siempre te hace ver las cosas de otra manera.
El amor te cambia.

EGOÍSTA

Ahora que te tengo
y que has roto todos mis miedos con tu voz
me siento egoísta,
por querer que jamás vuelvas a sonreír
con alguien como lo haces conmigo,
porque tus besos y tus caricias
solo se alisten para redescubrirme a mí,
por querer llenar los huecos de mis tristezas
con tu pensamiento todo el tiempo
y no dejar cabida
a ningún otro recuerdo.

Ojalá nunca ames a alguien
de la misma manera que me amas a mí,
porque ya sabes lo que dicen
los astros y los pronósticos del tiempo
de las cosas buenas,
nunca duran para siempre.

Ojalá tus palabras sean solo mías
desde el pensamiento hasta que las muerdas en la boca,
quiero traducirte cuando mis entrañas
no puedan más de tanto extrañarte,
entonces, te convierta en poesía.

Ojalá nunca más sientas
lo que has sentido conmigo,

que no pase un día sin que me recuerdes
y más aún, cuando eres feliz
y no me necesitas para ello.

Quiero habitar el último rincón de tu corazón
el más oscuro y frío
ese que casi nadie conoce
ese al que a pocos dejas entrar.

Quiero que me vivas, porque la vida es esto que pasa
mientras te escribo y te hago parte de la historia.

Ojalá tus tristezas siempre coincidan
con mis alegrías y viceversa,
para poder poner paños fríos sobre tu dolor,
besos sobre tus heridas y versos en tu boca...
ojalá nunca tengas que mirar otros ojos
para buscarme a mí,
ojalá nunca te pase...

Ojalá que tu risa no suene igual
con alguien más que no sea yo,
que tus nervios te engañen y pienses en mí,
que tus manos torpes solo piensen
en acariciar mi cintura
y tu respiración solo se entrecorte
imaginando mis labios,
ojalá mi pecho sea el único refugio
en el que te sientas a salvo de la lluvia y de la vida
ojalá que nunca me puedas olvidar...

…y perdón por ser *tan egoísta*
mejor olvida todo lo que dije antes,
nadie debería cargar con el peso
de sentirse en deuda de por vida con alguien.

24

Nunca lastimes a alguien que te da
desde el fondo de su corazón,
lo que nunca le dio a alguien más.

SIEMPRE LLEGA ALGUIEN

No te preocupes por buscar a alguien con quien ser feliz, el destino se encargará de ponerlo delante de ti en el momento justo. Procura merecerla y hacer todo lo necesario para que cuando llegue, la reconozcas. Alguien que quiera hacer locuras contigo, que no tenga contrato con la cordura ni los prejuicios; alguien que tenga las ideas más descabelladas y te incite a cumplirlas, alguien que sea todo lo contrario a lo que alguna vez imaginaste. Alguien que rompa todos los esquemas, que te motive a saltar al vacío - de su mano - desafiando tus miedos. Alguien que ame cada uno de tus defectos, que los muerda y te devore las ganas de ser feliz y de llevarte el mundo a cuestas, alguien que se aprenda de memoria cosas que el resto pasa desapercibidas, que son muy tuyas, esas que creíste que nunca alguien se volvería loco por ellas. Asegúrate de coincidir con alguien que te ame sin importar tu pasado, que tenga curiosidad por aprender cómo eres con tus errores y etiquetas en la espalda, con el pelo y los sentimientos desordenados, con el alma a flor de piel y la voz entrecortada cuando estás emocionada... que te escuche hablar de lo que te pasa como si estuviera escuchando a Bach o Beethoven, que no se aburra, que siempre reciba tus muestras de cariño como lo mejor que le pudo haber pasado. Alguien que te valore y sepa ver en ti lo que otros no, ese es el secreto, eso es el amor.

*Hoy miré el reloj y eran las 11:11
¿recuerdas cuando me dijiste que pidiera un deseo?
Gracias por cambiarme la vida.*

TENGO MIEDO

Tengo miedo de que me veas desnuda,
y no me refiero al momento
en que me quites la ropa, con ternura,
y avistes mis primeros lunares
y se me escape una sonrisa tímida...
tengo miedo de que cuando me beses
por primera vez la piel
yo ya traiga *desnuda el alma,*
y te des cuenta
de que no sé cómo entregarme en la cama

-sin poner en ello el corazón-

Tengo miedo de que al quitarme los jeans
se me caigan de los bolsillos todas las defensas,
las excusas, las mentiras que alguna vez me dije
para convencerme de que luego
sería fácil irme de ti…

Tengo miedo de que
al ponerme de espaldas para desprender mi brasier,
descubras la necesidad innata que traigo de ser amada
y que ante el primer sonrojamiento de mejillas
te marches corriendo sin antes aprender
el lenguaje de mi alma.

Tengo miedo de que mis miedos caigan
debajo de la cama y ya no quiera irme,
de que el calor de tu cuerpo juegue con mi frío
y ya no sepa cómo marcharme de tu primavera,
de tus ojos, de tus labios, de tu voz...

Tengo miedo de morderte la boca
con los ojos cerrados y el corazón abierto
miedo de que mis ojos me delaten y te des cuenta,
al desnudarme el alma,
que hace tiempo estoy completamente enamorada,
incluso antes de cruzar la puerta.

TIEMBLO DESDE QUE TE CONOCÍ

Yo era de esa clase de personas que les gusta tener todo bajo control, incluso los sentimientos, las emociones, la vida entera, que nada saliera de la órbita de mi tranquilidad.

Yo solía hablar del amor como una experta con postgrado, me habían lastimado tantas veces, que creía que ya lo había sentido y dolido todo.

Yo, que nunca le había tenido miedo al amor,
tiemblo desde que te conocí.

Me pregunto qué sabor tendrán tus labios por la mañana, qué aroma y temperatura tendrá tu piel en invierno, cómo se oirán las verdades en tu boca y cuánto pesarán las tristezas en tu alma, desde que avisté tu cielo, la vida es distinta para mí.

Juro que creí que no existías, todos estos años preguntándome en qué dirección estarían tus pasos, que tan tarde te acostarías por las noches imaginándome, y preguntándote lo mismo que yo ¿por qué todos nos abandonan? ¿cómo salir de esta jaula sin rejas?

Ahora, tienes el descaro de aparecer de la nada, llenando de detalles todo lo que yo creía invisible en mí ante el mundo, descubriendo todos mis tesoros, haciendo amigos a mis ángeles con tus demonios. Llegas como terremoto a mi oído, haciendo vibrar mi vientre, entorpeciendo mi habla, resignificando todo lo que yo creía que era el amor.

Estás atentando contra el imperio que yo había construido para sentirme a salvo del mundo. Estoy en crisis, pero por favor, *no dejes de besarme.*

LE ENSEÑÉ MI ROPA INTERIOR

Le dije que lo amaba
y le enseñé mi ropa interior húmeda.
Él pensó que solo le hablaba de mi cuerpo,
pero para ese entonces,
ya le había entregado mi corazón también.
Él me sabía a café con whisky, a amapola,
él era poesía, de la droga más pura.

Le mostré mis lunares,
y él me enseñó algunos que hasta yo desconocía
les puso nombre, les dio vida,
fue un expedicionista en mi piel
conquistando cada uno
de los compartimientos de mi corazón
tallando mi alma,
versando nuevas páginas
biodescodificando mis lágrimas…

y dentro de mí la revolución comenzaba a agitarse,
una nueva mujer nacía desde su amor al mío.

Nos versamos algunas veces,
y otras, nos hicimos el amor en clave morse
casi que desafiando al silencio
a la teoría de la gravedad
y la inercia de nuestros instintos.

Fuimos dos locos enamorados
desafiando las ganas de hacer eterno lo efímero.

Leí su alma mejor que una gitana,
o una de esas que tiran las cartas...
hablamos de la muerte antes de dormir
mientras yo mojaba mis labios con la lengua
y él se relamía mirando mis uñas negras
y mi entrepierna...

Yo lo amaba,
solo con él fui diferente.
Nuestras tristezas hablaban
el mismo idioma
y bebían del mismo vino,
me hizo sentir cosas que nadie más pudo…
solo con él dejé de ser una para convertirme en otra

sin importar lo que pudiera pasar.

33

Quien prefiera los atajos,
no sabe lo lindo que es perderse en tu sonrisa.

PERDÓN POR INTENTAR OLVIDARTE

Perdón por intentar olvidarte, por tratar de arrancarte de raíz de mi alma, por querer borrar todos tus recuerdos como si nunca hubiéramos sido felices, como si tan solo al mirarte jamás me hubieran nacido cientos de poemas.

Perdón por sostener tu mirada y perderme en ella, perdón por haberme quedado allí mientras mi cuerpo siguió su vida, perdón por atormentarte y pedirte que no me olvides, porque es muy probable que:

al decirlo en voz alta ya no te ame y que al callarlo aún lo sienta.

Perdón por llenar tu vida de detalles que ahora encuentras en todos lados, por haber conquistado tu cuerpo con el mío, con la confianza que tu alma me generaba.

Perdón por haberte hablado de historia y de arte con tanta pasión, por mostrarte esa parte de mí que nadie más vio, al igual que mis gustos raros, perdón por hacerte amar eso de mí y luego desaparecer.

Perdón por intentar olvidarte, es que nunca había sido tan feliz.

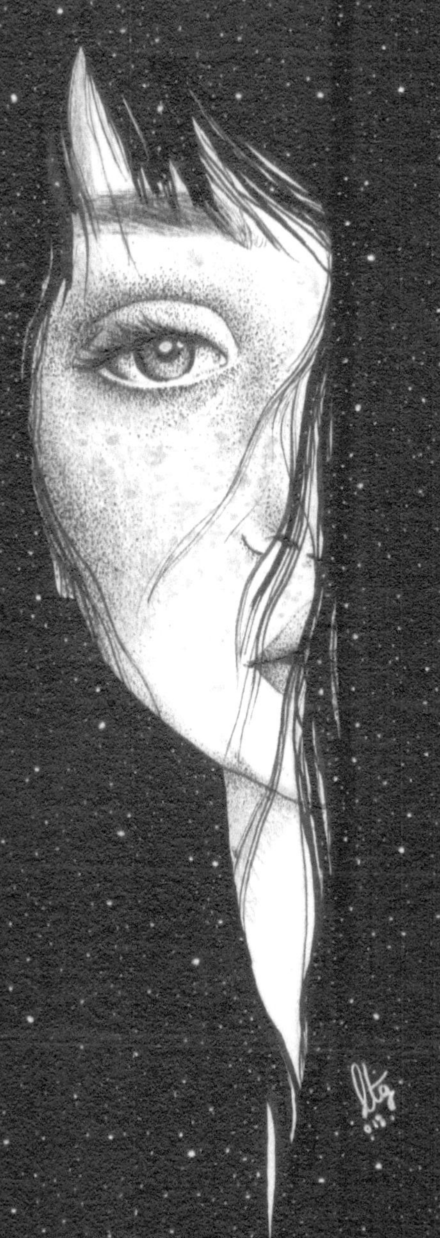
Yo no sabía que estaba perdida
hasta que me encontré en tu mirada…

TRAICIONÉ A MI TRISTEZA CONTIGO

Me generas una felicidad tan grande, que me siento culpable de traicionar a mi tristeza contigo. ¿Cómo explicarte? Yo me siento como una fotografía en blanco y negro, de esas donde se puede apreciar una triste historia. Pero tú revoloteas todo el tiempo en mis pensamientos más oscuros, esos que me dan ganas de transformarte en verso, en lienzo, en el silencio aturdidor que le procede al primer beso con desenfreno...y entre tanta alegría, cariño, yo me pierdo, porque siento que olvido mi tristeza y no sé cómo ser tan feliz contigo.

Tengo una lucha interna entre mis pausas y tus besos, entre las lágrimas que necesito desbordar hace tiempo y la risa contagiosa que me provocas, entre mis versos tristes y suicidas, y los cursis que escribo cuando pienso en tu boca... me cuesta, mi amor, encontrar el punto medio, entre la maldita chica rota y esa desquiciada que te ama como loca, sin gravedad, sin rumbo fijo, y con estrellas fugaces en los ojos.

A veces me pregunto por qué necesito tanto hablar de esta melancolía que cargo en mi espalda, si apenas puedo mirarla y ya me es imposible tocarla, pero se me sale por los ojos y las manos, aunque con mis manos también hago otras cosas que tienen que ver contigo, pero por alguna razón caigo con facilidad en el abismo de la ausencia cuando no me encuentro entre tus palabras, ni debajo, ni sobre ellas.

Sé que suena inverosímil ser tan ajena a la felicidad, pero tú ya sabes cómo es esto de romperse y tratar de recomponerse, hay cosas que dos por tres vuelven a doler cuando reacomodamos las piezas de un corazón frágil. Pero por suerte, estás tú, siempre con la palabra justa, como si me conocieras desde hace mil vidas, como si nada malo me hubiera pasado, tú borras todo con un beso en mi frente y café entre tus labios.

SIN CAFÉ, SIN TI

Ya olvidé la cantidad de noches que me desvelé sobre su cuerpo escuchando su voz, contándome esas historias que no se le cuentan a cualquiera, pedacitos pequeños de su biografía, insignificantes para algunos, de vital importancia para mí, para entender el puzzle de su vida.

Juntos éramos ajenos a las leyes de la gravedad, consumíamos del café, la historia, la ciencia y el arte, como si fuera una droga, un analgésico para sobrevivir a la sociedad.

Mientras, nuestras bocas se deshacían a besos amorfos, adictos a todo aquello que no se toca.

Podíamos pasar horas conversando, incluso solo con la mirada, esa clase de lenguaje que conoces al menos, una vez en la vida, ese que solo se practica con quien sabe leerte los subtítulos del alma y el espacio que hay entre cada carácter de un ordenador.

Él hacía que la dopamina brotara de mi cerebro como si fuera un manantial, hacía que deseara hacer cosas que antes odiaba, cambió todos mis paradigmas y puso las preguntas exactas en las dudas más certeras.

Yo no sé bien como lo hacía, pero para cuando yo creía olvidarlo, él aparecía de la nada con una cesta llena de palabras que yo necesitaba oír, era como un ángel disfrazado de demonio, de esos que cuidan que uno no resbale por la cornisa de los miedos.

Sabía muy bien que, si caía, él lo haría conmigo, para darnos de lleno contra la vida, contra el amor.

Ahora que todo empieza y acaba en tu recuerdo, no sé qué hacer sin café, sin mí, sin ti… sin nosotros.

LA PRIMERA VEZ

Recuerdo la primera vez
que me dijiste *te amo*,
recuerdo tu euforia, la mía…
de fondo, la radio.
Ahora me pregunto
¿qué nos pasó?
Hoy he vuelto a decirte que te amo,
y solo recibí silencio de tu parte.
No te dije nada, pero por dentro
algo empezó a romperse,
me mordí los labios
y las lágrimas comenzaron a rodar
como una avalancha de tristeza.
¿Cómo fue que llegué hasta aquí?
a este momento en el que otra vez
me quedo sin aire
y la angustia se impregna de un "nosotros"
que ya no existe.
Hoy me dices que tu realidad es otra
¿a dónde fue el amor?
¿a dónde fueron nuestros planes?
mi amor sigue intacto,
aquí, justo donde lo dejaste.

41

Ya no hay motivos para estar triste,
sin embargo, cuando llueve o hace mucho frío
y no te tengo, olvido para que existe la felicidad.

VOY A ARRANCARTE DE MÍ

*No te escribe para que regreses…
te escribe para aprender a dejarte ir.*
GILRAEN EÄRFALAS

Voy a escribir de ti hasta cansarme, hasta aburrirme de ver siempre las mismas preguntas retóricas en mis oraciones, para hastiarme de hablar de la tristeza que me provocas, voy a vomitar toda esta verborragia que me vuelve vulnerable ante tus labios rojos y el tono de tu voz.

Voy a llenar cientos de hojas con tu nombre, con las cosas hermosas que me has hecho sentir, y luego voy a derramar café y lágrimas sobre ellas, para que mis sentimientos allí sean ilegibles, abstractos y fáciles de olvidar.

Voy a prender fuego todas las páginas que he escrito en mi máquina de escribir pensando en ti, esas donde yo era una chica cursi, donde derramaba ternura por ti. Haré que ardan hasta lo más alto del cielo, haré que la luna sienta el calor de mi propio infierno.

Voy a rellenar mis heridas con tus ausencias, con los mensajes que esperé cuando más te necesité y no llegaron. Voy a arrancarte de lo más profundo de mí.

Voy a pintar cientos de cuadros como Monet, Van Gogh, Miguel Ángel, Rembrandt y Botticelli, para jugar a olvidarte mientras te hago el amor en cada pincelada. Voy a escribir cientos de libros con letras tristes y grises para saciar mi alma de la angustia que me hiciste sentir.

Verás mi nombre y mi cara en todos los rostros que no sean yo, me buscarás en otras pieles, en otros versos, en cientos de labios y miles de historias, pero no me encontrarás. Yo no sé amar a medias, cariño, yo voy a dejar de quererte de una manera tan hermosa, que vas a arrepentirte de haber sido tan cobarde.

Esto no es despecho, solo es mi manera de decirte que incluso cuando ya no puedo más, sigo inventando nuevas maneras de amarte.

Voy a arrancarte de mí de la misma manera en la que entraste, convertido en Arte.

CURSI

Tú me vuelves cursi, tierna, detallista, meticulosa. Derrumbas mis murallas, desactivas mis mecanismos de defensa, haces que olvides todas las tristezas y le pones pausa a mi vida para poder disfrutarte. Tú me abrazas y olvido mi nombre, mi edad, la arritmia de mi corazón y las 514 razones por las cuales soy vulnerable ante las injusticias.

Hundes tu nariz en mi cuello y luego me miras a los ojos como si tuvieras frente a ti lo único que siempre has deseado, como si yo fuera una puerta abierta a todas las oportunidades que esta vida te ha negado.

Cursis mis notas de voz, mis poemas, mi sonrisa cuando te pienso, mi manera de hacer ademanes, la cantidad absurda de perfumes que compro pensando en tu lengua lamiendo la geografía de mi de cuerpo... cursi yo, cuando arrasas con tu voz mi pequeño mundo.

45

Te extraño a media tarde, entre risas,
rodeada de personas que dicen amarme
pero no son tú.
Los días sin ti son nefastos.

ÉL ES DE OTRO PLANETA

Me gustaba dormirme un momento en su pecho después que el amor nos hiciera, necesitaba morir luego de estrellarme con su vida, necesitaba descansar, olvidar lo que me preocupaba, todo lo que me sobraba... el reloj, los labiales, las fachadas, los modales, las tristezas, los cafés fríos, mis insomnios, mi futuro, los recuerdos dañados, los miedos.

Él me reiniciaba la vida y las ganas de olvidarme de respirar. Me gustaba verlo traerme el café a la cama, con mi jugo de naranja y tostadas, esos simples detalles me hacían amarlo con locura, éramos dos locos unidos por un hilo negro lleno de lujuria, historia y risas.

A él le encantaba acomodar mi pelo detrás de la oreja y luego besar mi frente, yo amaba llenar de besos pequeños sus mejillas y perderme en su mirada. Debajo de sus pies, al caminar, se escondía el secreto de la felicidad, ¿cómo no amarlo? si me hizo la mujer más feliz del mundo al llegar a mi vida.

47

*Los orgasmos textuales de mi poesía
acaban en dos lugares.*

*En un libro y en tu cama (y en tu cama
siempre hacemos la guerra hasta dejar los
verbos exhaustos y la piel en llamas).*

EN CASO DE EMERGENCIA...

Qué bonito es tenernos y ser nosotros mismos, qué bonita tu mano en mi mano, tus ojos en mis ojos, esa sensación de paz recorriendo mi alma, el lugar perfecto donde hubiera deseado estar siempre.

Qué bonitos tus detalles, tu interés sincero, la confianza, el señuelo, ser asiduos del tiempo y las ganas de darnos lo mejor que tenemos. Acurrúcame en tus brazos y en tus sueños, en los verbos llenos de polvo, esos que no conjugas hace tiempo.

Quiero beber de tu boca la oscuridad que no le muestras a nadie, quiero ser el personaje del que le hables a todos con una sonrisa tonta en tu cara.

Quiero que me rompas para usarme en caso de emergencia cuando más solo te sientas.

Quiero ser el asiento del lado de la ventanilla para que admires mis paisajes, la canción que tarareas cuando estás contento. Quiero ser el abrazo que cure tus heridas, la guardiana de tus sueños y el beso que, al recordarlo, te haga cerrar los ojos.

49

*A veces me veo en fotos viejas sonriendo, y me pregunto
¿sería mi risa o tu risa? de seguro era tu magia.*

MENTOLADOS

He vivido los mejores días de mi vida contigo, pero sin ti, con el tiempo lo he entendido todo. ¿Recuerdas aquella noche en la azotea de tu casa? Hacía un poco de frío, pero entre tus brazos la temperatura era perfecta, fumamos un mentolado, de esos que nos gustan y nos reímos de los vecinos que tal vez podrían vernos mientras hacíamos el amor.

Se sentía bien sentir tus latidos cerca de mi piel, oír tu voz y soñar con cosas que sabíamos que seguramente nunca ocurrirían, pero éramos tú y yo... esa combinación perfecta que hacía que cualquier otra cosa, lugar o situación perdiera su sentido.

Debo admitir que te extraño, que mis intentos por olvidarte solo se suicidan escaleras abajo y que me enredo con tu voz y tu sonrisa mientras hacen catalepsia en mi razón, *estás hasta en donde no estás.*

Como dijo Cortázar, "si me ves en alguno de tus recuerdos, por favor, abrázame", porque seguramente estaré esperando allí por mucho tiempo, incluso luego de que tú te hayas ido. Ya sabes cómo es esto, le doy un beso al vaso de vino mientras acaricio dos veces tus ojos llenos de magia, y es que aún no me aprendo el truco de olvidarte.

Aún sueño con tu lengua descubriendo todos mis paisajes.

Una vez te dije que sentía que estaba en pausa si llegaba la noche y no escribía. Ahora que lo pienso, siento que toda mi vida estuvo en pausa hasta que te conocí.

NO QUIERO PROMETERTE NADA

No quiero prometerte un amor eterno y perfecto, no voy a decirte que seré el amor de tu vida y que jamás encontrarás a alguien como yo. No voy a pedirte que no te vayas cuando sientas el deseo de hacerlo, no quiero retenerte ni obligarte a acariciarme cuando la voluntad no te nazca de las entrañas, tampoco quiero prometerte cosas que no sé si podré cumplir.

No quiero forzar el amor, quiero sentir que es un río que fluye siempre, no importa a qué cauce. Deseo que siempre amemos nuestras alas, que estemos orgullosos el uno del otro, aunque algún día ya no seamos tú y yo los de antes, aunque caminemos de la mano de alguien más, aunque pasen los años y apenas algún recuerdo se asome a nuestro nuevo horizonte… por favor, recuérdame con cariño, que aquí sin promesas, se te amará siempre.

SUPERNOVA

Dime, cariño, ¿dónde estás?

¿en qué labios andas perdido?

¿qué palabras endulzan tu alma y tu corazón ahora?

¿cómo haces para conciliar el sueño si no es sobre mi cuerpo?

¿en qué camas vacías buscas mis sesos?

¿qué sabor tienen las otras pieles luego de probar la mía?

¿qué tan intensa es la conexión que sientes con otras almas?

¿la has vuelto a sentir? la que tú y yo teníamos, esa electricidad corriendo por el cuerpo…

¿quién entiende tus metáforas y ese idioma tan tuyo que practicabas conmigo?, ¿te prestan la misma atención que yo?

¿alguien más preguntó por tu cicatriz en la ceja y por cómo haces para adaptarte a los cambios?

Después de mí, ¿alguien más te habló de arte, historia, ciencia y otras vidas?

¿fuiste con otras tan perverso y lujurioso cómo lo fuiste conmigo?

Dime, ¿alguien realmente amó tanto tu luz como tu oscuridad de la misma manera que yo?

¿cómo haces ahora para lidiar con tus demonios?

¿alguien te puso nuevos apodos?

¿en qué piensas cuando respiras profundo y estiras tu

espalda moviendo la cabeza de un lado hacia a otro?
¿alguien se rió de ti en tu cara tiernamente como lo
hacía yo de tus ojitos?
¿a quién pones nerviosa al ver tus notificaciones en su
celular?
¿a quién le cuentas de los vídeos graciosos
que miras o de las largas historias de
Twitter que lees pensando en mí?

Dime, cariño, ¿qué ha sido de tu vida después de mí?

AJENA

Te amé tomando todos y cada uno de los riesgos,
como si no existieran las heridas.

DARLING SALAS

Me siento como un campo de concentración abandonado, con algunas margaritas intentando nacer entre las grietas de un lugar que, al fin, busca la paz y el perdón. Me siento como una canción en pausa, a punto de ser retrocedida para escuchar nuevamente la parte favorita de una mentira que me sé de memoria, pero que a la misma vez me da nostalgia.

Los días de humedad, me brotan versos trises de la piel, porque siento que te extraño un poco más de la cuenta y que no sirve de nada gritarlo a los cuatro vientos tampoco, porque nada de ello te traerá de vuelta.

Días como hoy siento que a las oraciones les falta coherencia, más verbos, más tiempos, más adjetivos y sustantivos, palabras mordidas por unos labios que no quieren disparar verdades a medias. Días nefastos que dejan resaca de heridas ajenas.

AMORES BONITOS

Hay amores bonitos
que no tienen fecha de caducidad
ni miedos, ni sombras, ni mentiras.
Hay amores que traen consigo
la receta exacta para ser todo lo contrario
a lo que nos enseñaron que el amor debía ser.

Me di cuenta de eso la primera vez que te vi
tus gestos, tu boca, tu mirada... el silencio.
¿Alguna vez te sentiste cómodo mirando a alguien sin
tener la necesidad de hablarle?
Me sucede eso contigo,
siento que las palabras sobran
cuando tengo tu mirada sobre mi boca,
siento que mi pasado podría desaparecer
de un segundo a otro sin sentir pena alguna.
A mí solo me duelen mis muertos, tú lo sabes,
pero tu mirada me alimenta, me llena el alma
de todo ese amor que necesito para ser quien soy.

Hay amores bonitos que te rompen los miedos
con detalles, con tiempo, con dedicación…
como aquella madrugada en la que mi viste llorar.
¿Recuerdas? jamás la voy a olvidar.

AMO TU LUZ Y TU OSCURIDAD

Amo la paz que me generas,
las sonrisas límpidas y sinceras
esta sensación de que puedo con todo y con todos.
Amo que me hables y yo sienta que todo está bien
que tu risa sea la medicina perfecta
para cualquiera de mis tristezas.
Amo tu luz y tu oscuridad
amo cuando eres tierno y cuando eres perverso.
Amo tus silencios y tus ganas intensas de hablar.
Te amo los viernes por la noche
y los lunes por la tarde.

Te amo hoy… no importa cuando leas esto.

Ojalá el piso no temblara cuando escucho tu nombre.

AMANDO LO TRISTE

Le dije que me gustaba estar triste, al igual que las cosas y personas tristes... pero creo que no me entendió, porque todo el tiempo estuvo intentado hacerme reír, me llevó a lugares llenos de personas sonriendo que hablaban de cosas que me parecían vacías. Él me decía que eso me haría bien, que socializar era lo que una persona normal hacía, que debía estar más alegre, que mis ojos eran muy tristes y que mi voz no era particular. Un día, cansada de ser invisible para las personas incorrectas, me desbordé y me largué en llanto, y él no supo que hacer... me dejó ahí, sola, derramándome.

Desde ese día me dio vergüenza llorar frente a él, porque entendía que no sabría cómo responder a mis lágrimas, y yo supuse que debía ser más fuerte.

Le dije que amaba el color negro, al igual que estar sola, que odiaba la hipocresía y las injusticias, que me encantaban los detalles y mirar las estrellas por la noche, en cambio él me recriminó que ya no pasaba tanto tiempo con él, que mi lugar era estar a su lado, no salvando el mundo; y por la noche... mientras yo miraba la luna, él estaba demasiado cansado para admirar el cielo conmigo.

Pensé que algo estaba mal en mí, que él tenía razón... hasta que un día alguien se sentó a mi lado en la oscuridad, y me dijo que allí se sentía a gusto, admiró las estrellas conmigo y me dijo que mis ojos tristes eran hermosos al igual que mi voz, que estaba bien estar solo y alejarse de las personas que no nos permiten ser nosotros mismos. Entones me puse a llorar, porque por primera vez alguien había visto en mí lo que nadie más. Me abrazó, me abrazó tan fuerte que lloré por todo lo que sentí que no había podido llorar durante años.

Hay personas que intentan cambiarnos, hacernos a sus ojos, a su semejanza, personas que creen que debemos reír todo el tiempo, estar con personas que no nos hacen sentir cómodos, hacer lo que todos hacen y cumplir con expectativas sociales... ahora me pregunto ¿qué sería de mí si nunca te hubiera conocido? hay personas que simplemente *te enseñan tus alas.*

EL LIMBO QUE NO HABITAS

Quizá sea la persona más cobarde del mundo, pero créeme, soy defensora de las causas perdidas, por eso siempre termino creyendo en ti. Yo no solo cuestiono el revólver, la bala y la herida que me hiciste, también pienso en las causas que te llevaron a hacerlo.

Tengo en cuenta todos los factores, las sonrisas fingidas, los "te amo" vacíos, las sábanas frías esperando nuestro calor, los nudos de la garganta, los inviernos de otros amores que se cuelgan de mi pelo y se ríen a carcajadas en mis oídos... la nieve se pasea por tu mirada, y en un minuto, muero más de sesenta veces.

La gente dice que los suicidas no avisan, he visto a muchos hacerlo con su mirada, suplicando cariño y un poco de atención, pero al resto les pesa tener que cargar con tanto daño ¿verdad? es mejor hacer oídos sordos, ojos ciegos, corazón inmune a las catástrofes ajenas.

Me he roto muchas veces por otras personas y he amado su oscuridad porque sé lo que se siente estirar mi mano a tientas por las noches y no encontrar a alguien. Debo admitir que en el intento me he salvado algunas veces y otras tantas he fallado.

Siempre trato de recibir los golpes con calma, por más que por dentro caigan las torres gemelas, mi vista se nuble y mi ritmo cardíaco se encuentre en las nubes del Everest.

Mi voz dulce lleva a cabo a la perfección el protocolo de emergencia cuando todo es un caos del lado izquierdo del pecho. Por eso siempre digo que todo estará bien, para creérmelo, para creérnoslo, para que el pronóstico del tiempo no me juegue una mala pasada, para que las entrañas no se retuerzan cuando oigan tu nombre, para que el sueño no me atrape huyendo de él sin antes pensarte.

DÍAS INHABITABLES

Hay días en los que sé que te golpean los recuerdos, y con el corazón en las manos, sé que debo mantenerme al margen de tu dolor. Sé que a veces te recuestas en otros pechos y besas otras bocas, y llenas de mentiras y promesas otros cuerpos inhabitables como el mío... pero estoy segura de que ninguno de ellos tiene mi sabor y que ninguna de esas bocas te profesa el cariño que te entrego yo.

A veces me muerdo los labios y dejo que la mirada se me pierda mientras continúo con mi vida hasta tu regreso, no creas que eres indispensable, pero sé que si lo pienso demasiado caería en un pozo del que difícilmente podría salir, por eso trato de restarle importancia a todas esas cosas que sabes que me duelen, cariño.

No sé qué es lo peor de todo esto. Estar los dos rotos significa asumir demasiadas cosas, como, por ejemplo, que no le tenemos miedo a la verdad, que a veces nos tragamos con anzuelos cada uno de los silencios que nos adormecen las ganas de continuar, y que ambos somos reincidentes del caos, el mismo que nos une y nos aleja miles de veces.

Hay personas que son detonantes, y una vez que permitimos que nos descubran, somos vulnerables a explotar de amor. Tú eres una de ellas. No creas que escribo todo esto para dejar alguna huella que puedas encontrar cuando sientas que me estás perdiendo o cuando creas que me has ganado, lo hago porque hoy estoy sobria de ti y necesito dejarme algunas cosas en claro.

Construí tantos recuerdos nuestros, que olvidé la realidad en la que vivíamos y ahora ya no sé con qué ojos mirarte.

LAS FOTOS QUE NUNCA NOS TOMAMOS

Hoy vi por casualidad una de esas fotos que jamás llegamos a tomarnos. Eran de esas que se toman en una cabina pequeñita donde apenas hay espacio para sobrevivir a los besos incendiarios del deseo, de esas donde los novios se vuelven contorsionistas y hacen caras graciosas sin importar el partido político que esté de turno, o si afuera caen misiles en formas en versos.

Hoy vi nuestra foto, que no es nuestra, y me quedó un cráter en el medio del cráneo como si allí fuera Mani-itsog, ¿puedes ver la nube de humo triste?

A veces me gusta jugarle carreras al tiempo, para ver si en el futuro dueles menos o me amas un poco más, sonrío victoriosa cuando veo que tengo algunos minutos extras para escribirte algunos versos mientras aún no despiertas, pero lo cierto es que ningún futuro lleva tu nombre.

Hoy vi nuestra foto y en ella me mirabas como si el invierno y la guerra no existieran, como si el amor fuera un ramo de rosas, de esos que se compran en las esquinas de los pueblitos hermosos a una señora mayor de trenzas llenas de sabiduría.

Nos vi, pero no éramos ni tú ni yo, éramos los de antes.

Casi no te reconozco, tengo miedo de perderte
y no saber qué hacer conmigo...
no saber qué hacer con tanto.

Me temo, que aún nos extraño.
Pero el fin se acerca, lo sé.

TU VIDA DESPUÉS DE MÍ

Cuéntame ¿qué haces ahora mientras te duchas?
¿te sigues tocando pensando en mí?
y dime… ¿qué tan sexys, atrevidas y libres son ellas?
¿con cuántas has intentado olvidarme?
¿hacen lo que sé que te pone demente y lujurioso?
Espero que aún procures mi piel por las noches
y que me maldigas al venirte
con la respiración entrecortada.
Estoy segura de que buscas mi esencia
en otros cuerpos y que intentas encontrar
mi idioma, mi cerebro y mi naturaleza exótica
en otros muros, en otros chats,
en otros cuerpos efímeros.

Perdón por ser una mujer inolvidable.

Llevarás mi ser marcado a fuego en tu retina.
Al final del día volverás a morir una y mil veces
entre mis piernas y mis recuerdos.

68

Mírame ahora, estoy hecha un desastre,
he pasado llorando toda la noche
y estoy completamente convencida de que
mis 206 huesos, no pueden con el peso muerto
de esta tristeza que lleva tu nombre.

SOMETIMES

A veces dejo la puerta abierta y se me escapa la vida, olvidando cómo sonreír o cómo hacerle frente cuando las fuerzas se desvanecen entre mis manos y mis letras. A veces la luna llena se desborda por mis ojos y las cosas sencillas se enredan con miles de nudos y dudas en mi pecho. Soy un completo caos cuando no me encuentro, cuando te extraño.

A veces quisiera irme, salir a buscarme lejos de mí, recorrer el mundo y dejar atrás todo lo que me duele y pasa desapercibido, a veces quisiera dejar de querer tener todo bajo control y romperme la frente y el corazón contra la vida, para saber a qué saben los domingos en tu boca, o las hojas de un libro leídas entre tus piernas.

A veces a mi insomnio se le da por descocer mis heridas y ponerse a jugar con tus recuerdos, entonces todo lo triste cae como avalancha sobre mi techo invisible y me siento débil, vulnerable... hasta que escucho tu voz y el mundo cobra sentido y me duermo cansada de tanta lucha.

A veces a mi amor se le rompen las piernas por cargar con tanto peso, con tanta responsabilidad... y entonces se desmorona, se le quiebran los brazos, se queda sin aliento. A veces se pregunta quién es, sin oír respuesta alguna. A veces la puerta abierta jamás se cierra, hasta la próxima luna.

70

A veces se me atraviesa tu recuerdo y me pierdo…

¿CON CUÁL VERDAD ME QUEDO?

*Nunca me sentí tan lejos de alguien
como cuando le dije "te amo" y se quedó en silencio.*

LUIS SALAS

Te dije te amo
y me dijiste "te quiero"
te sigo tirando flores
como si no dolieran tus besos,
tus abrazos
tus caricias llenas de otros versos
de otros cuerpos
cuerpos
cuerpos
cuerpos…
otros cuerpos.

Intento descifrar qué es lo que siento
la razón por la cual aún me quedo
cuando tus palabras me cortan
me rompen
me rompen
me rompen…
y tus acciones me absorben
me cautivan,
causan en mí el deshielo.

Intento reconocer el momento
en que todo esto dejó de ser poesía
y se convirtió en un paraíso
disfrazado de invierno,
en una mentira
con miles de caras y un solo verbo.

En qué momento dejé de mirar el sol
por perderme en tus estrellas, tus ojos, tu cielo
tus paisajes con tres besos de retraso
y esta verdad que arranco de cuajo
de mi vientre y me convierte
-a la misma vez -
en un ser extraordinario
que no puede vivir
sin saber que duermes de costado,
que odias la sopa, la hipocresía,
que te asfixien,
que no puedes parar de caminar
cuando envías audios
y que amas a tu madre
como no amas a nadie más en este mundo.

Dime, cariño
¿con cuál verdad me quedo?
¿qué hago con todas las noches de insomnio
donde llenas de detalles todos mis huecos,
mis espacios suspensivos, mis silencios?

MARCHITOS

Tú le das voz a todo lo que siempre
soñé que alguien me dijera,
te metes en mi cabeza
y merodeas sin permiso
(cómo si acaso lo necesitaras)
en todas esas cosas que siempre pienso
pero nunca digo,
adivinas de raíz lo que siento,
las sensaciones
lo que amo
la historia
el universo
la química
tus fotones
el arte convirtiéndose en alguien
de carne y hueso…
dime, cariño
¿en dónde pongo la coma y el punto final? mi cielo

Esta historia está desordenada,
no tiene principio ni final
sin embargo la teoría de la gravedad
siempre nos atrae hasta aquí
hasta este punto
donde luego de hacernos daño
nos hacemos el amor con desenfreno y viceversa,
a veces somos mar
y otras, simplemente fuego.

Me tiembla la voz
cuando de hablar de ti se trata
me delata la tristeza
me delata el amor
me delata la incertidumbre y la certeza
de que no me amas lo suficiente
pero que algo a mí te ata,
te entiendo…
lo mismo me pasa.

Estoy en un laberinto
donde el humo y el futuro se mezclan
con palabras hirientes
que me desconciertan por completo.
No entiendo qué está pasando
qué estoy sintiendo
me pierdo
me enredo entre la confianza que me das
y lo que por ti siento,
besas mi espalda
y luego tejes versos en mi pelo
para luego hablarme de otras historias
con otros nombres y otros labios…
me ahogo
me incendio

tú tiras las balas
y yo…
yo siempre acabo poniendo el pecho.

NO ME DEJES OLVIDARTE

Por favor, no me dejes olvidarte,
no hagas caso a mis palabras
a mi tristeza disfrazada de olvido
a mis sonrisas después de ti
a mi voz no quebrantada luego de oírte
por favor, no lo hagas, no me dejes olvidarte.

Quiero conservar los buenos recuerdos,
los que no duelen
tu mano en mi mano
el calor de tu cuerpo
tus caricias
el café por las mañanas
las charlas hasta ver salir el sol
las risas mientras nos mirábamos a los ojos
tu espalda y mi espalda liberando mil batallas.

No me dejes olvidarte,
no quiero que esta tristeza
que de vez en cuando siento
haga que un día quiera arrancarte de mí por
completo
y ya no sepa como regresar a ti.

Sé que ya no somos, ni seremos,
pero quiero guardar
de alguna manera

el sonido de tu voz en mi memoria,
en un casete, un cd, un vinilo… algo tangible
que me recuerde que existes
que estás lejos de mi daño
y de todos esos verbos que hablan
de dejarte ir, de olvidarte.

Haré un compilado de música que guarde
todas aquellas canciones que escuchaba
mientras me enamoraba de ti,
de esas que nos hacían cosquillas en los huesos
y nido en las tripas.

No quiero sembrar odio
y convertirme en esa clase de chica
que nunca quise ser,
de esas que hablan mal de las personas
que alguna vez amaron,
de las alas que alguna vez la salvaron de la muerte.

No quiero sentir cómo desapareces,
cómo te desvaneces día a día
entre mis recuerdos y mi rutina,
no quiero enmudecer lo que hiciste en mí
la persona en la que me convertiste.
Hubiera deseado que te quedaras,
que lo nuestro nunca hubiera terminado,
así no hablaría como loca
dos por tres con tus fantasmas.

Por favor, no doblegues mi alma al desprecio,
a mirar tus fotos con rabia e impotencia
a ver tu persona con desdén y decepción
por favor, no lo hagas
no permitas que te olvide,
que olvide lo que fuimos
y el sonido de nuestras risas haciendo el amor.

No me dejes olvidarte,
no desaparezcas por completo
de las esquinas de mi casa
de la oscuridad de la noche
de mis inviernos y veranos
de las noches estrelladas
de las tardes en las que lloro por alguna razón,
por favor, al menos no te vayas de aquí,
que es el único lugar en el que te puedo tener.

"ESTOY BIEN"

Me hiciste sentir que era especial cuando estaba cansada de amores mediocres, me había vuelto invisible, una mujer de papel, un amor descartable. Pero un día apareciste de la nada, con tu sonrisa y tus metáforas, hablando de cosas que yo no entendía, y sin pedirlo, me convertiste en la protagonista de tus días y tus risas.

Te mostré mi lado más vulnerable, ese que hacía tiempo no le mostraba a nadie, besaste mis miedos, y luego te los bebiste con dos cubos de hielo y una medida de whisky. Poco a poco fuiste haciendo equilibrio sobre mi confianza, avanzando cada día un poco más, y por una extraña razón, me fui abriendo a ti.

Inundaste mis días de una felicidad desconocida para mí, te hiciste amigo de mi tristeza y le diste abrigo, ella se hizo pequeñita para que la abrazaras y allí te quedaste, para que nadie tuviera poder sobre ella, salvo tú. Hace tiempo que no lloraba, pero hoy lo he vuelto a hacer. Ya no sé nada de ti, he vuelto a caer en ese pozo sin fondo. Me está costando ver la luz, dejar el daño a un lado para verte con los ojos del amor.

Se hizo de noche para siempre otra vez, pero no te preocupes, estoy bien.

79

Me declaro silencio hasta que me vuelvas a nombrar.

ESE ESPACIO ENTRE TÚ Y YO

Esta mañana, de camino al trabajo, escuché varios poemas de José de La Serna, ya sabes cuánto amo las letras de ese chico, debe ser porque nos encuentro en cada una de ellas. Debo admitir que para las siete de la mañana ya estaba llorando. Pensé en todas las verdades que me has dicho, desde que te conozco no he hecho otra cosa que abrir los ojos. Te fuiste metiendo en mi cabecita poco a poco, y como un fotón, iluminaste cada rincón que estaba a oscuras, dormido, inconsciente.

Esta mañana al recordarte empecé a sentir ese maldito calor que dos por tres hace que arda en llama viva y en cada uno de mis pensamientos aparezcas tú, avasallando todo a tu paso con tu euforia y tu carácter invasivo, con tus silencios y tus pausas letales, todo eso que aprendí a amar poco a poco, igual que estas ganas locas de querer abrazarte cuando más roto estás.

Nunca alguien me dijo verdades cómo las tuyas, y yo estoy segura de que quizá nadie fue tan sincero contigo como lo he sido yo. Sé que despotricamos contra el amor, pero al final siempre lo buscamos incesantemente hasta el cansancio.

Estoy haciendo lo que me pediste, dándome un tiempo para pensar más en mí, en lo que siento y quiero para mi vida, no será fácil, pero prometo tratar de ser coherente.

El transcurso del tiempo ya no es el mismo desde que te conozco, porque cuando más nos alejamos el uno del otro, tu sonrisa me devuelve a los temblores, al sismo, a las réplicas de tus recuerdos masajeando mi corazón dormido. Creo que tú eres una de esas personas que algunos llaman *Inolvidable*.

MI GUERRA ES TU GUERRA

Llegaste a mostrarme una parte de mí
que nadie conocía ni conocerá jamás.
Trajiste las costumbres de tu tierra
palabras nuevas y una sonrisa
jodidamente hermosa
que poco a poco me fue mostrando su oscuridad.

Te abriste a mí como un libro
me mostraste toda tu verdad
y no te dio pena enseñarme tu cuerpo
porque conmigo te sentías como en casa

(*siempre pudiste habitar en mí de pies descalzos*)

vi en ti lo que otros no tenían tiempo ni ánimos de ver
y te amé desde ese primer momento.

Sabes que siempre quise salvar el mundo
pero desde que vi tus heridas
solo quise salvarte de ti.

Besé cada rincón de tu piel mientras dormías
y ver tus ojos descansar
fue como ver a Vietnam al fin en paz.
Tu guerra es mi guerra
tienes que aprender a amarte, mi niño.

Quise acomodar cada tristeza en su lugar
te enseñé que no había nada malo
en mostrarte tal cual estabas,
que estar roto también estaba bien.
Pero poco a poco tus heridas
comenzaron a astillarme
y mientras más intentaba darte amor
más me hería a mí misma.

Fue imposible salir ilesa de ti,
es que tú me cambiaste la vida
después de ti ya nadie vuelve a ser el mismo.

Hace tiempo que no hablamos
nunca habíamos estado tanto tiempo así,
sin hacernos reír y sin destrozarnos la vida
con momentos inolvidables.

Quizá sea una de tus famosas técnicas
para hacerme escribir poemas hermosamente tristes,
pero te extraño, te extraño demasiado.

No sabes las noches en que llorando
he estado a punto de enviarte un mensaje que diga:
¿me enseñas a olvidarte?

Estoy luchando conmigo misma,
esta lucha parece una batalla campal.

También sé que suena terriblemente ridículo
pedirle a la persona que amas que
te enseñe a olvidarlo.

El olvido no existe, eso ya lo he comprobado.

Estoy buscando la manera
de arrancarte de mis vértebras
para no cargar más con tus caricias hambrientas
y también de mis ojos,
si no los tengo a ellos
quizá deje de verte en todos lados.

Vengo masticando hace días esta despedida
que no hace otra cosa que saber a recuerdo.

¿Dónde estabas realmente cuando decías amarme?

RESIGNIFICAR

Hay veces que la tristeza arrasa en mi vida como tsunami, llevándose consigo lo bueno y lo malo, dejándome devastada. Pero resisto. Resisto porque sé que existe tu sonrisa y tu mirada que me salva, porque sé que en tus brazos todo se vuelve más fácil, porque tu voz estabiliza mis latidos y me muestras nuevos caminos, nuevas maneras de ser feliz. Tú resignificas todas esas palabras que yo ya creía obsoletas. Tú resignificas la palabra felicidad.

JAMÁS SERÍA SUFICIENTE

No conozco manera más pura de querer,
que la de quererte incluso no estando a mi lado

MANUEL IGNACIO

Hoy te vi, llevabas en tu rostro una sonrisa de esas hermosas que solías lucir conmigo, pero no llevaba mi nombre, no vi rastros de mí en ti. Hace tiempo que no me veo en tu mirada y que ya no me oigo en tu voz. Hace tiempo que escalas otros cielos y te deslumbras con otros paisajes olvidando esta triste chica rota que alguna vez te dio abrigo y amor.

Me cuesta escupir lo que siento, me cuesta admitir que ahora estamos cada vez más lejos de lo que alguna vez fuimos... ahora todo es un "ya no".

Extraño esa persona que me enamoró por ser diferente al resto, esa que llenó todo de detalles y que me hacía sentir especial, extraño el temblor que me generabas, la telepatía, el arte, los meteoritos, los besos contados que cabían en tu cuello, las caricias que me hacías hasta quedarme dormida, las atajos que no tomé para perderme en tu sonrisa, el gatillo que no jalé, para darle otra oportunidad a la vida... las lunas que conté mientras me escabullía entre tus sábanas solo para que te estrellaras en mi cintura.

Extraño la persona que me decía "te amo" en voz baja solo porque sabía que eso me hacía feliz, ahora todo es silencio y tristeza nuevamente, ahora todo es "solo ves lo que quieres ver", ¿no te das cuenta de cuánto te amo?

Extraño nuestras risas reparándonos la vida, la prisa, la ansiedad por deshacernos la tristeza a besos. Hoy te vi y tu sonrisa sigue igual de hermosa, tú brillas en cualquier lugar, estés con quien estés, sufras por quien sufras, ames a quien ames, siempre lo he dicho.

Ojalá algún día nuestra historia se repita en otros labios, en otros abrazos, en otras voces y en otros libros, ojalá se transforme en arte y pueda triunfar... así como no pudimos hacerlo nosotros.

IRONÍAS

Que irónico, mi amor,
que yo siempre quiera salvar el mundo
pero no me pueda salvar de ti.
Me siento fuerte,
tengo sueños grandes
y el alma llena de amor para dar,
pero cuando se trata de ti
me siento débil
vulnerable
pequeña
intolerable a todo lo que no seas tú,
indefensa a nuestros recuerdos
y a todo lo que creamos juntos,
este imperio que poco a poco se desmorona sobre mí.

Qué fácil es amarte,
pero me siento cansada de tus pausas
de tu falta de coraje dándome en la nuca
para caer de frente
tropezando con mi propia soledad.

Que irónico se oye todo esto, mi amor,
que siendo tan fuerte
caiga de rodillas
frente a tu realidad.

Algo anda mal, cariño…
será porque eres
mi talón de Aquiles
mi criptonita
mi debilidad.

ELLA NO LO SABE

Ella es como un lienzo gris, como una poesía triste,
como una noche de insomnio…
pero si la conviertes en arte,
te enseñará uno por uno todos sus sueños

WALL MORENO

Sigo preguntándome que fue de aquella chica de enero, de ojos tristes y de una vida sin pausas. Un día una simple pregunta cambió todas sus respuestas, desde entonces anda perdida, en busca de su propia sombra. Vuelve a tropezarse diariamente con una nueva pared, con una ventana sin vistas, con una canción y un verbo que siempre se repiten en pretérito imperfecto… esa misma pregunta de siempre que ahora la tiene en un limbo entre la tierra y el cielo.

Me pregunto qué pensará ahora de sus muertos, de sus otras vidas, de sus sueños raros y de todos aquellos de quienes se había despedido sin querer hacerlo, de todo eso que había soltado, pero aún seguía amando. Quién sabe qué será de la chica triste, romántica perdida, ahora solo mira hacia el cielo en busca de estrellas fugaces, de alguna aventura que le recuerde que está viva.

Descubrió una grieta en su alma, una por donde el sol se cuela para iluminar sus heridas… ella no lo sabe, pero está sanando, está buscando el perdón que se debe a sí misma y a los demás, está tratando de entender por qué algunas personas son tan breves en su vida.

Ella no lo sabe aún, pero se está convirtiendo en la mujer que siempre soñó ser, su vida está cambiando y aunque le está costando lágrimas, el amor va detrás de cada una de ellas transformando el daño en fortalezas.

AMOR INTENSO

Te pienso todo el tiempo, tengo a los minutos y los segundos entre la espada y la pared acosados con tu recuerdo. Extraño tus manos acercándose a mi cuerpo, presurosas, fuertes, ansiosas por salvarme de cualquier destino que no fuera otro que el de fundirme con el tuyo.

Extraño tu voz hablando en secreto, mojando mi ropa interior y mis neuronas, alterando mis sentidos y biodescodificando la angustia que llevo dentro desde hace varias vidas, tu boca llenando de palabras graves nuestro idioma, tú y yo jugando a ser dioses bajo las sábanas. Cuando te siento lejos extraño la arritmia que me provocas, los nervios, el terremoto bajo mis pies cuando me miras, cuando me sonrojo y me siento tonta.

Extraño la facilidad que tienes para arrancar de mi pecho toda la poesía adherida a mis pulmones, a mis tristezas, allí donde siempre falta el aire porque olvido respirar. Tú conviertes cada verso en el paraíso que empieza en el botón de tu jean negro y termina en los lunares de mi flanco de guerra izquierdo.

No diré que me no me aterrorizan las pausas que a veces hay entre tu vida y la mía, no lo haré porque eso sería como poner un punto final a una oración que en realidad no quiere acabar. Yo voy a besarte el alma antes que el cuerpo, para que veas como se siente un amor sincero, para que sientas como me voy metiendo en tu miocardio, como primavera, como expedicionista, como náufrago, como bruja y sirena de mar.

Te amo intensamente, y espero que eso sea suficiente, incluso, para cuando ya no estemos juntos.

SUPONGAMOS

Supongamos que esta tarde no hemos discutido,
que llegaste cansado a mis ojos
y no quise mostrarte mis heridas sin antes abrazarte.
Supongamos que hace días me besas con pasión
y te desvives por calmar mis ansias de ti.

Supongamos que no he llorado,
que me has hecho reír más de la cuenta
y que te he arrancado las tristezas
y preocupaciones con volteretas
bajo de las sábanas.
Supongamos que el iceberg
que hace tiempo nos separa
hoy se derrite por el calor
que nuestros cuerpos emanan,
que tu mirada solo encuentra
refugio en la mía
y que el nudo en mi garganta
se desenreda mientras me cuentas de tu día.

Supongamos que no te aturdo con mi necesidad de ti
supongamos que no me aturdes con tu silencio
supongamos que el amor es una calle,
a veces iluminada, otras tantas oscura,
y que nos escabullimos en ella
para darle un susto a la poesía.

Supongamos que no estoy cansada
que nada me duele
supongamos que no estás cansado,
que nada te duele
supongamos que las palabras no pesan
ni desgastan el alma
tampoco la ausencia de ellas...
supongamos.

Supongamos que te susurro
un "te amo" al oído y te erizas
mientras mi piel olvida el frío
y se fusiona con la tuya
y afuera caen meteoritos
mientras hacemos el amor
y olvidamos las guerras
y cualquier catástrofe
que nos atrofie la razón
y los sentimientos...
supongamos, cariño
que aún me amas.

DÉJAME AMARTE COMO SI NO SUPIERA EL FINAL

Nadie mejor que tú y yo comprende el espectáculo de sentimientos que se viven en esta historia, nuestra historia.

KAREN GOENAGA

Déjame disfrutar el momento, déjame admirarte y sentirte eterno en mis labios, en mis huesos, en las palabras que aún no he dicho ni he pensado, en los abrazos que no te he dado. Déjame vivirte como si mañana fuera a morir, *como si no me fueras a doler nunca*, déjame amarte con este éxtasis intenso que siento cada vez que bebo de tus ojos el elixir que calma mis ansias, necesito amarte como nunca amé a alguien.

No digas nada, solo mantén el silencio y la paz, deja que tu respiración se agite igual que tus demonios, que el despojo se adueñe de tu ropa y la mía, de mis versos y tu verborragia recetada bajo alegría. Necesito hacer a un lado los pros y los contras de la arritmia que se deshace entre mil suspiros cuando te miro, para asesinar el tiempo y todas sus agujas celosas de la puntualidad.

Quiero arrojar sobre ti todas mis expectativas con las que sé que algún día me destruirás, porque no tengo intenciones de salir intacta, ilesa, cuerda, entera de ti. Yo quiero romperme en mil pedazos para luego reconstruirme con razones de ti, con recuerdos de ti, con sabores de ti.

Yo voy a amarte como si fueras a curarme siempre, como si yo no fuera a lastimarte nunca, aunque ambos sepamos que luego de dar vuelta la página, solo seremos un par de letras amotinadas en el olvido.

Busco incansable en todo aquello que no es recuerdo.
Dime, ¿en qué futuro dejas de doler?

LA TRISTEZA QUE ACOGE TU HERIDA

¿A dónde fueron a parar los *te amo*
que ya no pronuncias?
¿en dónde se escondieron?
¿qué les duele?
¿por qué tienen miedo de ser pronunciados?
¿a qué hora salen a ventilar sus tristezas?

No importa cómo terminó lo nuestro
hay recuerdos que solo son tuyos y míos,
que no corresponden a ninguna otra historia.
Recuerdos de los que solo nosotros
tenemos detalles.
Un día cualquiera
volverán a tropezar con nosotros,
espero que para ese entonces
aún nos roben sonrisas.

*Me pregunto, si tú también te preguntas
todas esas cosas que a uno se le cruzan por la cabeza
cuando mira la lluvia, el mar, la luna y las estrellas.*

*Dime, por favor, que en el silencio
siempre me encuentras.*

ME PREGUNTAN SI SIGO ROTA

Me preguntan si sigo rota e inmediatamente la poesía tapa mis arterias. Mi arritmia se dispara, alterando mi respiración, mis movimientos y todas esas palabras amotinadas que salen sin orden alguno, declarándome completamente torpe frente a la sociedad.

Me preguntan si sigo rota, y pienso en los aviones que llegan y en los que se van, en las escalas, en el jet lag de mi alma, en el tiempo perdido en las calles de una enorme ciudad donde no te encuentro, donde no estás. Me preguntan si sigo rota y me acuerdo de mi mejor amigo que murió de cáncer con 18 años, o en mi amiga asesinada a manos de alguien que alguna vez llamó "*amor*", pienso en el último beso que le di en la frente a mi abuela cuando ya no respiraba... estaba fría, me duele pecho.

Me preguntan si sigo rota y el dolor se sube a una montaña rusa de recuerdos, de aromas, de canciones, de risas ahora mudas, de sentimientos que están en pausa, de mensajes que no llegan con el mismo cariño de siempre... y la angustia corroe mi sangre, la tinta de estos poemas grises llenos de vida y llenos de muerte a la vez.

Me preguntan si sigo rota y mi poesía me delata, pero la vida sigue y está bien llevar consigo un poco de tristeza, se aprecia el mundo con otros ojos, con un poco más de empatía, con un poco más de humanidad en cada verso. El amor en clave morse escapándose por mis heridas.

AMÉN

He conducido toda la noche
bajo la lluvia, murmurando cosas
que ni yo entiendo.

He buscado a Dios en cada iglesia
que he visto, pero él no está ahí...
igual que tú, ¿a dónde te has ido?
Tienes el descaro de dudar de mi amor
cuando mi fe en tus palabras es lo único
que hasta ahora me ha mantenido en pie.

Me miras y no sé qué es lo que ves,
a veces te siento distante,
otras siento que soy tu religión
y mi cuerpo tu templo.

Tengo un montón de hojas viejas
llenas de versos y palabras sin sentido,
en todas ellas puedes encontrarte
mientras sigues preguntándote
en qué carajos pienso cuando me miras.

Sé que soy un desastre
que no te topaste con una chica común
que a veces con mis acciones te hago sufrir
como el filo de una navaja,
pero no es mi intención, cariño,

solo estoy rota, y al caminar o hablar
mis piezas quebradas hieren a quienes me rodean.

Ya te confesé mis pecados,
dime, ¿por qué miras con desconfianza?
Si mi fe en ti me ha mantenido en pie
como la fe en Dios de los esclavos negros.

Escucha como le rezo a tus actos
estoy hambrienta de ellos
ilumina mi alma, estoy a oscuras, amor,
apenas puedo ver,
la lluvia se mezcla con mi mar
y afuera no hay Dios alguno
que convierta tu ausencia en milagro.

Llévame a dónde estás.
Prometo ser una buena chica
si dejas de despedirte cada vez que me abrazas,
prometo dejar a un lado mis otras voces
mis otras vidas... solo cúrame el alma.

Te seguiré buscando en cada iglesia que entre
le rezaré a todos los santos
con tal de oír las ventanas estallar con tu risa.
¡Oh Dios, ayúdame a encontrarte!
Escucha mis plegarias,
guía mis pasos, mi sombras y mis ojos tristes.
Amén.

EL DÍA QUE MI VOZ YA NO TE TOQUE

Ya no sé si eres la persona de la que alguna vez me enamoré o si la intensidad y ansiedad con la que convivo a diario fueron las que generaron las altas expectativas que había puesto en ti. Ya no sé quién jaló el gatillo para acabar con lo que alguna vez fuimos o si todo fue una ilusión creada por lo que creíamos necesitar para sanar el pasado... ya no lo sé, amor, no lo sé.

Lo único que sé es que me siento decepcionada, ¿de ti o de mí? quién sabe, yo creo que es un conjunto de todo, creo que la realidad cayó frente a nosotros y no pudimos evitar dolernos.

Me he cansado de decir que estoy rota, que tú también lo estabas, que juntos fuimos magia y que nuestra oscuridad era el refugio de un mundo ignorante, inhóspito y frío. Me he cansado porque repetirlo no hará que las cosas vuelvan a ser como antes, porque las palabras pierden su sentido cuando las dices más de una vez sin sentirlas y porque cuando más nos necesitamos dejamos de estar por perdernos en vanidades que hoy duelen al pasar por la garganta.

La poesía y tú habían salvado mi vida, pero ahora todo es un caos y no puedo dejar de sentir esa voz en mi cabecita que dice todo el tiempo "ya no"... es que antes me hacías reír, me hacías feliz...ahora permito que me lastimes con tu silencio, con tu indiferencia. Ojalá lo que fuimos siga haciendo eco en ti el día que mi voz ya no te toque, ojalá que nunca me olvides y que al recordarme siempre sientas que deberías estar en mis brazos y no en otro lugar imaginando que hubiera pasado si nosotros sí...

SOMEDAY

*Me buscarás, más temprano que tarde, en la
comisura de los labios de otra, sin encontrarme.*

SARAH SAINTHILAIRE

Algún día, cariño,
entenderás que no se puede devolver el tiempo
y recuperar lo que dejaste huir, marchitar.
Que ir de cama en cama
no llenará ese vacío que intentas saciar
cuando es mi cuerpo el que buscas,
este refugio raro y lleno de luz
en medio de la oscuridad.
Que no encontrarás en otras bocas,
cuerpos ni idiomas
el lenguaje de mi alma...
y sobre todo
que no se puede lastimar a quien te ama.
Algún día comprenderás por qué me fui,
jamás me diste razones para quedarme,
y eso me cansó el alma,
las ganas de creer en tus palabras.

Soy consciente de que hay personas
que son remplazables, sí...
pero completamente *inolvidables*.

SOLILOQUIO

La noche se ha instalado
cómodamente en la ciudad.
Afuera se oyen voces cantando,
un par de gatos peleando
y las campanas de la iglesia ...
mientras, aquí dentro, el silencio aturde.

Hace meses que los versos mueren asfixiados
por el cansancio de un cuerpo
que ya no tiene tiempo ni espacio
para el dolor o la felicidad.
Estoy en equilibrio, al fin entiendo
lo que tratabas de decirme.
No estoy triste ni estoy plenamente feliz,
la felicidad es un estado emocional breve,
muy breve y esporádico,
más, no utópico ni imposible.

Hoy alguien me dijo
—*extraño la persona que eras antes*
¿cuál de todas? pensé.
He sido muchas y he estado en boca
de otros tantos... ya no me preocupa
ninguna de las dos.
—Estoy buscando mi lugar en el mundo, le dije.
El silencio y las pausas que procedieron

me dejaron buscando en mis recuerdos,
en todo lo que alguna vez fui
en lo que ya no soy
y en lo que quiero seguir siendo.
Voy despacio pero seguro,
ya no le sonrío a cualquiera
ni confío en todo aquel que hace llamarse *amigo*
pero tampoco me molesta que la lluvia
de otros me moje
porque sé lo que se siente estar húmedo
y que por eso no te abracen... *no te salven.*

La gente necesita paz.
Por lo tanto, trato de irradiar paz,
pues estoy en paz conmigo misma.
—¿Por qué ya no escribes tan seguido?
—estoy cansada físicamente...
estoy descansado el alma
y buscando el camino para encontrarme
de nuevo con mis letras,
estoy organizando el caos
y regando mis plantas
—¿qué caos?
—el que dejaron mis versos rotos y los misiles.
—¿ya viste que hermosas están mis plantas?
antes no se me daba,
no se me daban muchas cosas.
Antes lloraba por todo y me ahogaba,
creía que las lágrimas eran signo de debilidad

hasta que me di cuenta que solo estaba
vaciando mi alma de la tristeza
para volver a llenarme de amor....
—¿entonces ya no estás rota?
—¿acaso estar rotos nos impide amar? sigo rota...
—pero, ¿quién habló de amor?
—yo siempre hablo de amor
no importa cuál sea el tema de la conversación
el amor está impregnado en todo lo que digo
veo o toco... yo soy amor y el mundo también.
De repente, me vi teniendo una conversación
profunda conmigo misma,
o quizá con Dios,
quién sabe...

Lo cierto es que afuera hace calor
y los perros ladran.
—Tengo sueño, dije... pero la poesía
no acaba, al igual que los sueños
y el amor que por ti siento,
sigo queriendo salvar el mundo
de todo aquello que no traiga incluido paz y luz.
Cerré mis ojos y la noche me inundó.

EL AMOR ENTRE UN ELEFANTE Y UNA PALOMA

Ahora que el mundo y mi vida están en pausa, intento buscar la paz en medio del caos. Ya no me atormenta Chernóbil, Hiroshima y Nagasaki, ya no duele aquel amor que a miles de kilómetros hizo de papel mi confianza, ya no es tu retórica subestimando infinidad de veces mi amor... ya he dejado de roer todo eso para alimentar mi tristeza con mentiras.

Sabes, cuando te lastiman tanto llega un momento en el que el dolor hace cayo en el corazón, y una vez sin emociones, es cada vez más limitada la posibilidad de volver a cometer el mismo error.

Así me siento, no entiendo cómo puedes esperar que un cuerpo al que has incitado a mutilarse pueda seguir dándote el mismo amor. Fuiste tan efímero como los temblores que provocaste, estoy en estado de emergencia, tuve que romperme a mí misma para sacarnos ilesos a los dos, aunque creo que ha sido demasiado tarde para mí.

Nada, es lo único que puedo pensar y sentir ahora, incluso ya no miro el cielo buscando estrellas fugaces, porque sé que procuras las mismas técnicas de boca en boca y de sur en sur, así como hizo el elefante olvidando el amor más puro de su paloma.

¿Qué puedes esperar de alguien que te abandona vez tras vez y que solo vuelve para encender las luces de una casa abandonada? *Silencio, solo eso.*

He dejado de recurrir a la rutina de acicalar nuestros recuerdos, ahí solo hay polvo y sábanas llenas de hongos, un idioma sobre la máquina de escribir a punto de extinguirse y tu respiración entrecortada oyéndose cada vez más lejos. Estamos muriendo y no hacemos nada para detenerlo.

Dije que algún día te quitaría de mí de la misma manera en que entraste, convertido en arte, y eso haré, porque aquí ya no hay más verbos ni verdades para cambiar lo que siento. *Serás lienzo, verso, orgasmo, recuerdo.*

Tu ausencia e indiferencia sembraron en mí la crisis más profunda y necesaria para volver a renacer como cualquier país lo hará luego de esta pandemia; si el mundo pudo yo también lo haré. Tomaré todo este montón de huesos y sangre y reinventaré mi alma, no encontrarás otras voces que digan "te amo" con la misma veracidad que la mía.

Las almas rotas jamás se olvidan.

Esta paloma ya estuvo mucho tiempo posada sobre el elefante, fue feliz, pero ahora busca la paz en su propio cielo. La olvidarás muy pronto, tienes la magnífica cualidad de hacerlo, pero jamás encontrarás otra igual, aunque tengas a tus pies miles de cielos.

SÉ QUE UN DÍA TE IRÁS

Sé que un día te irás por la puerta de atrás sin dejar rastro alguno, como si nunca hubieras visto mis ojos brillar de felicidad por ti. Estoy segura, lo harás sin importarte cuánto me duela, cuánto te ame. Lo harás porque eso es lo que hacen las personas que ya lo sintieron todo y ahora no sienten nada, las que solo buscan placer de piel en piel.

Sé que un día te aburrirás de mí, de mis charlas de arte y libros que jamás vas a leer, de mis preguntas sobre la vida después de la muerte y física cuántica. Te cansarás de mis ojos y mis versos tristes, ya no sentirás la necesidad de venir desesperado a refugiarte entre mis brazos, en mi silencio lleno de amor.

Sé que lo harás poco a poco, para no hacer mucho alboroto, para que no duela tanto, para hacerme creer que aún soy la razón por la que sonríes enamorado, para que no me de cuenta de que hace tiempo has dejado de estarlo.

Sé que buscarás excusas que ya me sé de memoria porque las he oído de otros labios, y yo sentiré que es mi culpa la razón por la que todo se venga abajo… pero no, simplemente será que ya no seremos ni tú ni yo los de antes, los de la euforia, los de los mensajes apasionados, los de los desvelos, los de las canciones dedicadas, los de "mira esto, me recordó a ti", los de "no puedo dejar de pensarte", los de los "te amo".

Sé que algún día llegará ese momento, ese en el que sienta que no merezco tu amor, ni tú el mío. Para ese entonces déjame llorar, porque sin ti, tendré que aprender a vivir de nuevo. Sé que no moriré, pero déjame habitar mi duelo.

YUNQUE

*Me sobran las ganas de salir corriendo
a buscarte… pero no tengo los motivos
suficientes para pensar que te hago falta*

JAIRO GUERRERO

Dicen que la tristeza es un yunque
que descansa sobre el pecho
de quienes sienten demasiado…
y yo les creo.
Les creo porque tu recuerdo
me atrapa por las manos y los pies
y yo me hundo en mi profundidad.

Aún no puedo mirar atrás sin llorarte.

Me pregunto, ahora, si alguna vez
fuiste real o solo te inventé en mi memoria,
en mis rincones heridos llenos de la necesidad
de algo sincero y especial. Te veo en todos lados.

Tengo la retina llena de ti

Me cansé de esperar tu atención,
fue algo así como decirte:
¡ven, lame la sal de mis heridas!
Y no viniste por ninguna de las tres,

ni por la sal
ni por mis heridas
ni por mí.

Podría jurar que a veces siento
que todo estará bien, y me lo creo,
pero siempre haces o deshaces
algo que yo creía bonito...
lo manchas, lo agrietas, lo olvidas,
lo estropeas con la misma facilidad
que se arruga una hoja de papel,
como si un mensaje bonito
hiciera menos dolorosa una carta
sin destinatario.

Dicen que la tristeza es como
un yunque que cargamos en la espalda,
como un ancla en un puerto olvidado
o como el sonido de una risa
que hace tiempo ya nadie escucha
y yo les creo...
les creo porque así me siento
cuando no nos encuentro.

HILO NEGRO

Me costó un tiempo entender la manera en que me amaba. Sus ojos oscuros me transmitían curiosidad, callaban más cosas de las que decían y de vez en cuando solía perderse. *Ausencia es sinónimo de olvido*, pensé, pero no entendía que hay personas que nos acomodan el alma como si fueran primavera sin saber que dentro suyo vive un invierno infinito.

Quise alejarme y huir un millón de veces, tenía actitudes que me dolían, pero él siempre me decía que ahí me esperaría, que me daría mi tiempo porque yo pertenecía a él, al igual que él a mí... y era cierto.

Nos vimos en la rutina de vernos las espaldas más veces que las que nos amamos, pero el regreso era inminente, fluía como río al mar, como golondrina en busca del calor, como un enfermo terminal buscando su última felicidad.

Me enseñó a amar su oscuridad, iluminada a veces por altas dosis de felicidad que creaban sismos en mi epicentro. No se asustó de mi llanto ni de mis grietas, él también las tenía, y como un pequeño y dulce fotón aparecía de vez en cuando a darme luz, amor y paz.

Comprendí que el silencio era una lucha consigo mismo, una pausa profunda sin respirar, que a veces ni él se entendía y que le costaba horrores en ocasiones la vida misma. Un manto oscuro nos cubría a ambos y por más que nos alejáramos cientos de veces en direcciones opuestas, olvidábamos que el mundo el redondo y nos topábamos frente a frente, beso a verso.

Fuimos refugio y eco de una historia infinita llena de lágrimas y risas que se reiniciaban cada vez que nos sentíamos perdidos.

Me enamoré de un chico fugaz, como las estrellas, él siempre sonreía y no le temía a la muerte de mis ojos, no importaba cuán lejos estuviéramos el uno del otro, había un hilo negro que nos unía de por vida, y contra eso, nada ni nadie podría, ni siquiera nosotros.

WALL STREET

Dicen que la bolsa de Wall Street ha caído,
que un virus al otro lado del mundo
está haciendo estragos;
también dicen las noticias
que un basquetbolista y su hija
han muerto en un accidente aéreo.

Mientras, yo pienso en los niños
de Siria, Palestina, Gaza,
en terremotos, incendios y tsunamis
en los refugiados muriendo en el mediterráneo
y en los héroes sin capa
que van a su encuentro en altamar.

La gente habla de la inseguridad en las calles
como si ellos fueran las próximas víctimas.
La expresión de su rostro me preocupa,
se muestran enojados, paranoicos, perplejos.
Acreedores de todas las malas noticias que
que ven y oyen en las redes sociales y televisión.

Hay escombros, humedad y olor a rancio en esta casa
¿Cómo es posible que el mundo se apague
y yo solo piense en tus lunares y tu voz?

La carne y el hueso se pudren,
se aproxima el invierno junto con el virus,

también el frío…
el frío más frío del mundo.
Reniego y me pregunto
¿cómo es posible que osen decir
que no puedo vivir de la poesía?

Si tú ya no estás.

DIME QUE TAMBIÉN ME EXTRAÑAS

Dime que tú también me extrañas como yo te extraño, que compraste una casa gigante con ventanales por donde entran muchos rayos de sol. Que guardaste un rinconcito de arte para mí, para verme con el pelo suelto, de jeans, descalza, pintando y escribiendo, con una copa de tinto en la mano y una taza de café sobre la mesa, con las ventanas abiertas, porque sabes que amo la brisa arrasando con todo.

Dime que me esperas por las tardes para ver caer el sol y así poder admirar las estrellas. Regáñame porque otra vez olvidé ir por los niños, di que soy un desastre, que cocino para el diablo, que a veces te recuerdo a Chernóbil, que te aburro con mis reclamos y que beso como los dioses... hazlo, pero no dejes de verme en tu futuro.

Dime que eres libre, pero que ningún cuerpo de los que has tocado te ama tanto como yo te he amado y que no has encontrado en ninguna otra conversación, la intensidad y complicidad con la que nosotros acabamos bajo las sábanas.

Dime que sueñas con decirle a todo el mundo que en casa te espera una loca, una lectora compulsiva tatuada, que te habla de cosas que no son de este mundo, que sueña todo el tiempo con huir y que tiene libros tirados por toda la casa, igual que óleos y encaje negro.

Anda, dime que me extrañas y que tu frialdad solo es un juego para hacerte creer que en realidad no me amas más de lo que te engañas, que tu cuerpo me necesita, que solo conmigo se convierte en arte cuando mis ojos lo miran.

Vamos, envíame una señal y dime que me extrañas.

CAMBIO DE PIEL

Me estoy haciendo amiga del pasado, de las cosas que me dolieron y quise olvidar, de todo aquello que me estaba impidiendo crecer, despertar. Le estoy diciendo a la niña que fui que vamos a estar bien, que puede llorar todo lo que quiera, que ser tan frágil la ha ayudado a escribir y ayudar a otros.

Estoy haciendo las paces con el recuerdo de quienes me enseñaron mis heridas, estoy dando paso a la luz y el amor. Me estoy perdonando, me estoy aceptando tal cual soy, con mi intensidad, con mis errores, con vulnerabilidades, con la culpa que cargué durante años, estoy dejando caer todo el peso que no me corresponde. Estoy viviendo un día a la vez mientras lucho con la ansiedad, tomando respiraciones profundas y convirtiéndome en la mujer que siempre soñé ser.

Ahora que estoy cambiando de piel y que el amor se toma un descanso sobre nosotros mientras las vértebras se nos salen por la espalda desgarrando las caricias que no nos dimos. Ahora que la espera no duele y que la ausencia no es un mensaje con segundas intenciones, ahora me pregunto *¿dónde estás cuando no me amas, ni me nombras ni me piensas?* Admiro la facilidad que tienes para sobrevivir sin mis manos en las tuyas, sin mi risa clandestina y sin mis pechos llenos de libertad...

yo todo el tiempo siento que traigo las manos vacías
de ti y que apenas puedo respirar.

125

En defensa propia diré que yo te amaba,
y en tu defensa diré que no me rompiste el
corazón, yo dejé que me lo rompieras.

MI CASA EN LLAMAS

Me estoy dejando embriagar
por el sabor y el aroma de tus recuerdos.
Una vez más mi casa está sin paredes
y me están naciendo
colores amarillos en las manos
y horizontes nuevos por los ojos.

Estoy haciendo cosas que antes no hacía
diciendo *no* a todo lo que me hace daño.
Estoy retomando el control de mi vida.
Pero hay una sonrisa
que no se me quita de la mente,
un par de ojos titilantes
que me persiguen por las noches
y una voz inconfundible
que no para de susurrarme a toda hora.

¿A dónde quiero huir si te llevo a todos lados?

Llegaste a esta casa vieja y marchita
como si ya la conocieras de memoria
y encendiste todas las luces,
cada noche hicimos fiesta
en todas las habitaciones.

¿Cómo te convertiste en anfitrión
de mi propio hogar?

MARCHITOS

Me enseñaste a caminar descalza sobre mi pasado
y a abrir mi pecho cuando la tormenta se aproximaba,
"no tengas miedo, yo estoy aquí" me decías
y no me importaba lanzarme al abismo
ni apostarlo todo por despertar a tu lado.

Pero el tiempo comenzó a hacer estragos
en ambos, y un día, sin querer,
te vi marchándote con tus demonios
apagando una por una todas las luces
de esta vieja y triste casa
donde moríamos de fiesta, de risa y felicidad
con las ventanas abiertas y los ojos cerrados.

Me fui apagando,
me volví fantasma
me quedé a oscuras y conviví con tu recuerdo
señalando mi boca
atragantándose con versos.

Pero un día el fuego abrazó mi cuerpo
(ese fuego del que tantas veces te hablé)
encendiendo la llama dormida
que había en mi pecho,
entonces la oscuridad
comenzó a abandonar la casa
intimidada por la luz de mi alma,
por la luz de mi amor por ti.

*"No es necesario ponerle un punto final
a una historia tan hermosa como la nuestra"*
eso dijiste, mientras admirado volvías
a colocar mi pelo detrás de la oreja
a besar mi frente…
y la luz que salía por mis grietas
incendiaba mi casa de nuevo
enamorándome de ti de nuevo
amándote de mil maneras distintas de nuevo,
entre libros, risas, canciones y silencio…
en cada una de ellas te convertí en arte,
para transformarte en alguien eterno
para que jamás me olvidaras
para que al pasar algún día por nuestras casa,
aún la vieras en llamas
muriendo y viviendo
por ti, por mí,
tú y yo iluminando el amor
para toda la eternidad.

LO ESTOY INTENTANDO

Estoy dejando ir los recuerdos, las tristezas, todo eso que arañaba mi alma al rozar las paredes, las manos, las espaldas y las sonrisas de otros. Estoy dejando pasar el agua que no beberé, todo eso que no se detiene a ver en lo profundo de mi mirada, estoy tratando de que no me duela las cosas que no fueron y que no son como yo esperaba, me estoy curando, me estoy amando.

Estoy bebiendo más agua, hago más ejercicio y me estoy enamorando de los números, de la soledad, de las noches sin estrellas y de todo aquello que antes me daba miedo o que odiaba, incluso tu huida, tu ausencia, la falta de tu voz riendo cuando quiero contarte algo, tus abrazos y tus consejos. Estoy tratando de hacerme amiga de todo aquello que me supera, de todo eso que aun no entiendo y me enreda el alma.

Estoy cumpliendo más y prometiendo menos, estoy practicando el silencio cuando algo me disgusta para evitar que la ira se haga más grande, estoy escuchando y abrazando más cuando veo que alguien lo necesita, estoy habitando lo que creí inhabitable, estoy creciendo.

Estoy volviendo a mis raíces, estoy aceptando lo extraño, lo paranormal, lo raro en mí. Ya no me detengo en las dudas, ahora sé muy bien lo que quiero. Me estoy dando una tregua después de tanto darme en la nuca con la culpa. Soy error, soy intento, soy acierto.

131

Oxigenas mi lado más triste y vulnerable. Tu recuerdo se rompe justo donde empiezas a doler, luego de ti olvido el cómo y el por qué. No hay razón para que te toque el daño, tú siempre me enseñas del amor todas las veces que me pierdo.

PERDIDA

Me estoy perdiendo en una guerra
que yo misma empecé
al enamorarme de unas alas
que siempre amaron otro cielo.

Pero no puedo evitar perderme en tu mirada.

Puedo sentir el peso de mis huesos
cargando con los tuyos,
apenas puedo mantenerme en pie
estoy perdiendo el rumbo otra vez...
cada paso que doy
es más incrédulo que el otro,
todo por confiar en la demagogia de tu amor.

Me siento como un esclavo
rezándole de rodillas y de ojos cerrados
a tus recuerdos sin vida...

La sangre corre y se mezcla tibia
con el vino que descansa
al lado de mi planta favorita.

El beso de la muerte me roza cada noche
pero le gano la batalla cada mañana
cuando la angustia me despierta
para llorarte un poco más.

Por favor, no me mires así,
no me tengas lástima
que lo último que quisiera en el mundo
sería tener tu compasión antes que tu amor.

Estoy demasiado rota física
y espiritualmente
como para que me des tus migajas
llenas de otros labios y otras manos.

Todo el arte que creo está lleno de ti
pero jamás será suficiente
para que te quedes
y descansemos cada noche
uno al lado del otro
y al despertar te acaricie con ternura
y me devuelvas la mirada enamorada.

Ahora entiendo esta angustia
que tiene un nombre y otra historia...
una que viene de otra vida
y un mismo destino,
pero no te preocupes,
sé que estarás a salvo
por el resto de la eternidad
al menos, en mis libros.

No puedo pensarte sin astillar
cada uno de mis huesos al respirar

pero esto también pasará
me iré en puntillas para no hacer ruido
para que no notes
que te amo más que a mí misma
para que no intentes detenerme
para luego no darme nada a cambio.

Cada día despierto
con la esperanza de verte llegar
¡y lo haces! amor, pero no eres tú,
porque traes contigo otras historias impregnadas
en la oscuridad de tu alma
y ya no me miras ni me acaricias como antes
no tienes nada más por descubrir aquí.

Terminaste haciendo herida
sobre las historias que alguna vez te conté.

No puedo cargar con mi plomo y el tuyo
sabiendo que jamás habrá
un final feliz entre tú y yo…
Me estoy perdiendo otra vez.

PERDÓN

Perdón por ser tan rara, pero estoy segura de que no soy la única, que en otra parte del mundo hay alguien sintiéndose igual que yo. Alguien que amaría vivir todo el día con la nariz entre los libros, alguien que podría pasar horas en su rincón favorito lleno de plantas, pinturas, cuadros y velas encendidas.

Perdón por ser egoísta y querer abarcar todo tu amor, por anhelar tus ojos solo en mi piel llena de arte e historias tristes, perdón por enseñarte todo de mí para luego dejarte lleno de dudas, es que a veces mi huida solo es un acto de amor propio cuando no me veo en tu vida.

Perdón por encontrarme en todas las canciones que escuches, en todas las caras bohemias que veas, en todos los versos que leas y en todos los horizontes que mires con el deseo de tenerme ahí. Perdón por hacerte amar esta pena que llevo atravesada en mi garganta, esa es toda mi fortuna, es todo lo que traigo puesto, aunque tú hayas avistado, además, mi monte de venus y mi valle favorito. Perdón por relacionarlo todo con la historia y el arte, con la guerra y mi profunda devoción por querer salvar el mundo, cuando apenas puedo conmigo misma cuando de ti se trata.

Perdón por quedarme a vivir dentro de ti y revolucionarlo todo, por mostrarte que eres capaz de todo lo que sueñes, por incitarte a salir de tu zona de confort y por enseñarte que estar roto también es parte de la belleza, aunque otros quieran deslumbrarte con la magia de la vida.

Perdón por el tono de mi voz cuando te extraño y por la risa desmedida que me causas cuando más lo necesito, perdón por repetirte cientos de veces las mismas cosas y transformar en rutina la despedida constante de un amor en el que ya no me encuentro.

Perdón por dejar mis recuerdos desparramados sobre tu cama, mis libros, mis ojos tristes, la exclusividad, la máquina de escribir, el labial rojo, el encaje negro, las fotos sexys, los mentolados, la historia, el arte, los sueños de mis otras vidas, los versos y los misiles sobre tu mesa, las estrellas fugaces en la ventana y mis plantas colgadas de tu techo.

Perdón, amor, perdón...
es que uno no sabe cómo irse
cuando todavía ama.

PERSONAS INOLVIDABLES

El universo, Dios, las energías o como quieras llamarle, dos por tres, crean una persona mágica. Rompen con los estereotipos de personas comunes, y crean una persona única, indeleble, atípica, pura, noble, infinita, de esas que, por una razón inexplicable, perfecta y exquisita, conocemos una sola vez en la vida… una persona inolvidable.

Seguramente se te haya venido alguien a la mente, ¿verdad? A veces nuestra vida rompe el patrón de la monotonía y un día X, aparece de la nada (así como caído del cielo) una persona inolvidable. Sí, de esas que por más que pase el tiempo jamás puedes olvidar, y no solo hablo de los amores platónicos, imposibles e irremplazables, hablo de amigos, conocidos, alguien X que simplemente conociste al azar durante un breve momento de tu vida, pero que te dijo cosas que cambiaron por completo tu forma de pensar.

Hay personas que son magia y no lo saben, la mayoría de las veces vienen disfrazadas de personas comunes que trabajan, estudian, cantan, bailan, escriben o simplemente sonríen. Su brillo se nota desde lejos y una vez que se cruzan por tu camino debes estar preparado para saber que ya nada será igual. Siempre tienen la palabra justa, el verbo conjugado en el tiempo perfecto y el abrazo con la temperatura exacta para sentirte a salvo del mundo.

Sus palabras son ungüento, alcohol para las heridas, medicina para el alma y camino para quienes estamos perdidos.

Su magia siempre tiene el truco perfecto para cambiar nuestro estado de ánimo y nos hacen ver, de una manera simple, que a veces está bien estar rotos, que no hay imposibles, que podemos cumplir cualquier cosa que nos propongamos, y que después de ser tempestad también podemos ser calma, brisa de mar, noche estrellada, canto de aves.

Las personas inolvidables son eso, *inolvidables*, porque en algún momento de nuestra vida desaparecen, dejan su rastro, como el café, y nos recuerdan que a veces no se puede tener todo, pero si disfrutar de todo lo que tenemos. Nos recuerdan que la vida dos por tres debe dar un giro inesperado y empezar de cero, que debemos desacomodar toda nuestra estantería de libros viejos e ir a la librería por nuevos géneros, nuevas metas, nuevos sueños.

Las personas inolvidables son magia que cambian nuestra vida llenándola de paz, amor y bondad, para luego desaparecer y tener que aprender a sobrevivir sin ellos. Pero que nada de esto te robe la alegría, porque tuviste la fortuna de ver una estrella fugaz sin tener que haber mirado el cielo.

MACONDO Y PLUTÓN

He tomado toda clase de distancia y decisiones con y sin hielo para alejarme de ti. Probé tequila, mezcal y cualquier otra clase de bebida espirituosa para olvidarte, pero todo es un boomerang, acabas volviendo.

Fui a favor de mis propias contraindicaciones, tuve sobredosis de ti, porque tu felicidad y tu alma son adictivas. Por más que intentara explicarle a alguien lo que me hiciste sentir, sería muy ambicioso de mi parte poner en palabras lo que para mí representas. Por suerte siempre vuelves, a pedazos, con las alas rotas de tanto revolotear en tu jaula, con los labios cansados de buscar el sabor de los míos en otros, con las manos llenas de ese elixir que me proclama refugio, escudo, fuego.

Cada vez que me ahogo tu voz me salva, aunque seas tú mismo el que me inunda. Pero tú tranquilo, llegará un día en el que tu tristeza se tropiece con una esquina intacta y ya no necesitarás jugar a las escondidas para escapar de tu propia sombra, ni de mí.

Y beberemos verdades con un poco de café mientras le pones nombre a mis lunares, y yo te contaré de Macondo mientras subo a Plutón para morderte los miedos, tú me hablarás de hechizos con dos caricias de por medio y con un beso en la frente me dormiré profundamente, mientras te curo las alas y te convierto en verso.

MORIR EN TI

> *Cuando llegaste supe que dejarías más huellas*
> *que heridas, más vida que amor.*
>
> CHRISTIAN RÊV

Si pudiera elegir
la manera en voy a morir
me gustaría hacerlo
una noche de verano.
El vapor caliente de las calles
ocupándolo todo,
las olas del mar jugando
a las escondidas
entre las rocas,
los grillos y las ranas
dando un recital especial
y la luna llena más hermosa que nunca.

A lo lejos se oye
alguna pelea de perros
mientras en la habitación,
el tiempo se detiene
el aire quema
y el deseo pesa más que el plomo.

Me ahogo en la profundidad de tu piel
me asfixia el placer,
tu mirada es la pólvora…

te hundes de lleno en mí
nos fundimos, somos uno
tu aliento y tus verdades
se tatúan en mi cuello,
tus manos viajan a los humedales de mi sur
las mías desgarran tus alas.

Olvido las tristezas
la muerte, las injusticias…
y que he sido un flanco fácil
del amor y el deseo
desde que te conocí.

Me besas, como si el invierno
fuera a llegar al día siguiente.
Pero no hay un mañana,
entonces te susurro
que no te dejes engañar
por la ternura de mi voz.
Y en una última embestida
exhalo mi último aliento en tu boca
escucho los grillos, cierro los ojos
me pierdo en tu voz.

142

*Cuando bebo café en la cocina, miro por la
ventana y suelo pensarte... entonces la casa se
llena de pájaros que revolotean sobre mí como si
una tormenta se aproximara. Me veo desde una
esquina, desde otros ojos, pero no tengo miedo, es
tu recuerdo que viene a abrazarme sin pena.*

NUESTROS AMANTES

Me gusta saber que a veces me piensas, que no eres mío ni soy tuya, pero aun así me extrañas, porque sin querer adueñarnos el uno del otro, nos pertenecemos, nos besamos el alma.

Te extraño, y sin ti las noches se hacen eternas y frías, yo aquí, tú allá... maldita distancia. Me gusta creer que habito en ti, que tengo una habitación donde también está el gato y mis libros, que siempre hay olor a café y que, en ese lugar, por alguna extraña razón, siempre eres tierno conmigo, detallista y devoto de la idea de amarme hasta el final de nuestros días. Dime que siempre dejas una luz encendida para mí, porque sabes que suelo despertarme por las noches y que el insomnio a veces se adueña de mi cansancio profundo.

Dime que soy lo último en lo que piensas al final del día, y lo primero que recuerdas al abrir tus ojos, que sientes que sin mí tus brazos están vacíos y que toda la vida esperaron por este cuerpo que te acoge, incluso en cada herida. Te extraño, y algunas veces más que otras, porque te busco y no te encuentro, ni a ti, ni a mí, ni a ambos. Nos pierdo.

Entonces todas las luces se apagan y la casa se vuelve fría y quiero escapar, pero no encuentro la salida, es tan difícil poder irme de ti... no puedo ni quiero. Me quedo a solas un rato y se oyen murmullos de historias vacías donde no aparecemos y siento miedo.

Miedo de que no vuelvas a encender la luz, y de que yo me acostumbre a la oscuridad, a doler de ti, a vivir sin tu risa y sin tu voz, a dejar de encontrarte en todo lo que no lleve por bandera tu nombre y por puerta tu mirada.

Pero tú siempre encuentras la manera de convertir en luz mis miedos, en risa mi apatía, en calor el frío que nos abraza. *Tú y yo tan lejos, pero tan cerca de las palabras.*

YO NUNCA ESTUVE AQUÍ

Yo nunca estuve aquí.
Jamás habité este lugar sin aristas,
ecuaciones, átomos, fotones y vida...
con pasillos oscuros que llevan al paraíso
y paredes con color y sabor a café. No.
Yo no fui feliz en esta pequeña habitación
donde cohabitan mis gustos ordinarios
y aburridos por los detalles inverosímiles
de historia, arte, química, física y tu cuerpo.
No. Nunca pasé noches enteras intentando
descifrar tus ojos en código morse
o tu piel nieve estrellada en braille
y mucho menos pintando mi dolor
en óleo, versos, sueños. No.
Yo no pude ver las paredes de esta casa
como una jaula, porque tu voz,
(*alas de mi cielo*), siempre salvó a mi muerte
de una vida completamente absurda y fugaz.
Tú no me hiciste eterna, no me convertiste
en polvo de estrellas, en efecto colateral
postguerra, ni en refugio, guarida,
centro de reservas de letras para cuando
no hubiera más nada que recuerdos.
No. No fuimos nosotros. No somos. Ni seremos.
Porque yo nunca cambié el mundo
y esos hermosos detalles

que todos pasan desapercibidos
por tu sonrisa, por unos minutos contigo
ni esperé que en mis ojos encontrarás
todas las respuestas que te faltaban. No.
Mi arte siempre me salvó de ti.
La historia siempre me ocultó de ti.
La química jamás me hizo mojar de ti.
La física no pudo arrancarme de ti.
Y quizá, negarlo todo
haga que duela menos el hecho de saber
que te busco como antes
y no te encuentro,
que mis madrugadas eternas de lectura
no harán que aparezcas en mi cama
y mucho menos
los documentales de la segunda
guerra mundial lograrán quitarte
de la lista de mis enemigos a odiar
por querer conquistarte y en el intento fallar. No.
Porque ni yo aquí ni tú allá
vamos a dejar de negar que en este lugar
nada ni nadie se puede olvidar.

UN PACTO

Hagamos un pacto, sigamos nuestras vidas como si nada, como si todo se hubiera ido en una de esas corrientes de viento que se llevan cosas... de esas cosas que nos roban el alma.

Juguemos a sernos indiferentes, a que nada nos duele, ni nos extrañamos. Creemos nuevos recuerdos, rocemos pieles nuevas y tengamos conversaciones eternas que no hablen de ti ni de mí.

Miremos el horizonte y dejemos que el mar cicatrice las heridas, los besos que no nos dimos y que inunde todas las ausencias en las que no supimos estar.

Borremos las fotos, el chat y todas las canciones que nos recuerden que estamos metidos hasta el tuétano el uno en el otro, hagamos de cuenta que el tiempo no es lento y no se cuela cada vez más en los huesos.

Guardemos silencio, esconde en tus bolsillos mis besos, quita de tu vista mi piel blanca y mis curvas peligrosas. Cambia tu rutina, piérdete en librerías, museos, bares, tiendas de segunda mano, playas, parques, bosques... respira profundo y vete de mí.

No recaigas en mis verbos ni en mis flores, yo tampoco beberé más de tus palabras y la salvia de tus hojas.

Dejemos pasar el invierno, quitémonos la ropa frente a otros ojos que nos descubran siempre como la primera vez y dejémonos amar como si nuestras pieles nunca hubieran sido una.

Hagámonos de esas promesas que nos van a romper el corazón más tarde, seamos inolvidables, para luego, un día cualquiera, olvidarnos por completo.

CAÍDA LIBRE

Mira como cae del cielo
la lluvia
tu voz hermosa
mi risa infinita
las palabras vivas
el dolor incrustado en las arterias
la inocencia pura muriendo
las mentiras retóricas
la ausencia infligida
la necesidad de ser nosotros…
mira como cae
como cae
y cae
cae
cae
cae
y cae sin cesar todo lo que ya no somos.

Tu regreso ahora dura menos que un suspiro.

Mira cuantas vueltas dan los versos sobre mi cuello
disfruta el show, este libro está llegando a su final.

LA BELLEZA DE LA TRISTEZA DE PIZARNIK

Hoy he vuelto a sentir ese temblor en todo mi cuerpo. Siento que la poesía, la lluvia y la tristeza se pusieron de acuerdo para atorarse en mi pecho. Mis defensas están bajas, me siento vulnerable a tu recuerdo, a tu voz.

Quisiera poder abrazarte y arrancar la pena de mis ojos, pero es tarde y solo he atinado a preparar café y encender un cigarro... tenías razón, es una buena combinación. Hace frío y por la tarde escuché a un pájaro cantar, ¿quién diría que el caos puede ser tan hermoso?

Deberías verme, soy un completo desastre, ya escuché las mismas canciones más de quince veces, *todas llevan tu nombre*.

Hoy sentí la necesidad de conversar con Pizarnik, lástima que tomó más de cincuenta pastillas en plena primavera y no despertó nunca más, ni escribió más versos tristes, así, como los míos.

Lo bueno dura poco, igual que tú. Me he vuelto a perder en tu sonrisa, no he tomado el atajo y he decidido caminar por el laberinto de tus ojos oscuros, color ébano, por voluntad propia. Una vez más tus demonios y los míos se sentaron a conversar bajo la luz de la luna... pero esta vez la historia no habla de temblores y tsunamis, ya no caen misiles ni hablo de tiempo perdido, a duras penas hablo de dos almas rotas, que a pesar de estrellarse miles de veces, aún siguen brillando cuando se miran a los ojos.

HUESOS MOJADOS

Supongamos que esta noche nuestros caminos se unen, que mi verdad y tu centro hacen eco en cada esquina y que cada palabra pronunciada solo es un hilo que nos une para poder besarnos.

Imaginemos, también, que Dios existe, y que no me emociona hablar de él y que no he llorado... supongamos que de nuevo vuelvo a creer en algo más que no seas tú, que todas las historias vuelven a cobrar sentido y que veo el amor de nuevo con otros ojos, con otro corazón. Ahora lo entiendes, ¿verdad?

Mi silencio habla de ti, igual que mis versos y mi mirada triste, te me escapas por los poros, yo te respiro, yo te vivo, yo te convierto en personaje, en palabra, en verso, en arte... en todo eso que más amo y que a veces callo por miedo a ya nunca más poder nombrarte.

JOKER

¡Ven!, cariño, te invito a bailar sobre los trozos rotos de este pobre corazón que poco a poco deja de latir. ¡Ven! disfruta del festín de huesos, tristeza y ansiedad que me carcomen los restos de vida que me quedan después de ti.

Disfruta como me consume el ritmo de tu indiferencia corriendo por mis venas, desdibujando mi sonrisa. Quita con tu frialdad el poco aire que queda en mis pulmones, besa mi frente helada, acaricia mis manos frías ausentes de tus caricias.

Juega sin miedos y descaradamente con mi amor, estrújalo, escupe sobre nuestros recuerdos, salta, danza, brilla en este cielo con tus otras estrellas hasta que me consuma en llama viva y solo sea polvo, olvido, queresa.

FRACTURA

No se responde al daño con más daño, eso lo aprendí la última vez que me rompí. Recuerdo al doctor diciéndome *"lo siento, es una fractura emocional, tiene suerte de estar con vida"* y desde entonces no he hecho otra cosa que convencerme de que algo roto puede ser hermosamente triste.

No hay maldad en mi alma, cariño, jamás podría hacer o decirte algo que sé que podría herirte, por más que conmigo a veces hagas lo contrario. Eso no significa que no duela, porque el daño duele cuando viene de quien amas, de quien te importa. Pero descubrí que no hay paz más profunda que la de mantenerse al margen de la herida y besar el hueso, la coyuntura entre mi vulnerabilidad y las balas que disparas a conciencia.

Yo practico el amor que profeso.

Pero a veces, literalmente me siento fragmentada, fracturada, rota, hecha añicos, usada, pisoteada y sin brillo, pero eso no es culpa de nadie, la culpa es mía por creer en quien lame la fisura de un alma que desde pequeña no ha hecho otra cosa que tener que repararse sola.

Mis signos vitales parecen estables, pero una puntada en el corazón me dice dos por tres que algo en mí anda mal, luego la falta de aire, la apatía social y esta nueva piel que no deja de sorprenderme... ya sabes de que hablo fotoncito, soy otra, y al parecer tú también. Hay palabras que duelen, oraciones perfectamente cargadas de una dosis pura de verbos y adjetivos que aniquilan a sangre fría, pero estoy convencida de que a veces solo habla el dolor y que el orgullo gana más veces de las que la humildad grita por pedir perdón.

Hay días en los que no puedo más, en los que me siento completamente agotada física y mentalmente, días en lo que ya no quiero llorar frente a quien es indiferente a mi dolor, días en los que soy una fractura expuesta, un enfermo terminal, un coma profundo del que no puedo despertar.

Pero el amor y la fe mueven montañas, y todo el amor que uno da vuelve, y nos dice suavemente al oído, "no pagues con la misma moneda, sigue amando con más fuerzas, con más intensidad, transforma el mundo y deja que pase por ti y sane tu alma".

Estoy rota, mis astillas han lastimado a otros también, pero te sigo amando ¿qué harás tú con tanto amor?

ETERNAMENTE EFÍMEROS

*Dicen que una mente ocupada no extraña a nadie,
y mírame aquí, con mil cosas por
hacer y siempre elijo pensarte.*

FREDY JIMÉNEZ

Ahora que tus palabras y las mías no hablan el mismo idioma, y que los recuerdos de tiempos mejores desfilan frente a mis pupilas haciéndose desear. Ahora que el margen entre lo que debo y no decirte es más grande que la distancia que nos separa. Ahora que tu austeridad le da la espalda al placer de consumirnos vivos y mis mensajes se suicidan ante el abismo de tu indiferencia. Ahora que despierto por la madrugada sin lograr conciliar el sueño y repito una y mil veces el recorrido de tus manos en mi cuerpo, de tu voz calando cada rincón de mis miedos, haciéndome dar de lleno con la felicidad.

Ahora me pregunto ¿cómo desaprendo lo efímero que fuimos? ¿qué nombre le pongo a lo que ya no somos?

Y tú ¿por qué lloras cuando hablas de amor?

PRIMAVERA EN CHERNÓBIL

Hace tiempo que estoy rota, marchita, jodida. No es una queja, es un aviso de advertencia para todo aquel que me vea sonreír creyendo que en mi habita la felicidad. Después de todo, no es tan malo, aprendí a ver belleza en la tristeza, juro que soy amante de las personas rotas, las veo como una obra de arte, como una especie en extinción, como si su dolor fuera mi licenciatura en fracturas emocionales.

Quizá por eso siempre me atraigan las personas oscuras y perdidas, quizá por eso siempre intente reparar y amar las almas llenas de heridas, porque sé lo que se siente estar en pena, porque sé que luego de tocar fondo hay más pozos y más caídas.

He conocido personas que vieron más allá de mi sonrisa, de mi pelo azabache y mi metro 73, personas que rompieron la coraza de una chica tímida y vieron dentro a una niña asustada. Personas que se armaron de coraje y llenaron de flores el cementerio que había en el medio de mi pecho, personas que fueron escudo ante los misiles que atentaban contra mí, personas que llenaron de luz y amor mi alma fisurada.

A veces me pregunto qué es lo que me mantiene con vida… el amor, la poesía, esta manera tan distinta de ver la vida y de querer ayudar al mundo antes de ayudarme a mí misma (cuando bien sé que he sido más tuya que mía).

¿Qué hago queriendo salvar un país al otro lado del mundo cuando ni siquiera puedo salvarme de tu recuerdo? Que irónico, retórico y absurdo es mi sueño. Soy un completo desastre, me lastimas, pero yo sigo poniendo flores a la corona que cargan tus huesos, a las ilusiones que siguen dando batalla cuando te digo "te amo" y se chocan con tu silencio, al amor que me trago lleno de espinas mientras me aferro a tus manos que ya me soltaron hace tiempo.

Pero me hiciste amar este campo en ruinas y estoy floreciendo. *En Chernóbil también llega la primavera.*

ENREDADERAS

Un volcán ha erupcionado cerca de mi corazón y un manto de ceniza color tristeza me ha cubierto por completo. Cierro los ojos y lo primero que me viene a la mente es una sonrisa, una tarde de domingo como cualquier otra, pero no es cualquier sonrisa... es la tuya, y en vez de robarme otra de vuelta me ha quitado un par de lágrimas.

Esbozo una mueca torpe que se asemeja a la alegría, pero el cansancio se frustra a mitad del camino y se mete por mis ojos delatándome sin piedad alguna. Estoy rota de nuevo, rendida ante tu recuerdo, rezando vaya a saber a uno a qué Dios para que dejes de doler.

Pero hay tristezas que no se van de un día para el otro, hay tristezas que se trepan como enredaderas muy lentamente a uno sin pedir permiso y se quedan a vivir por un buen tiempo.

Así que le platicaré de ti hasta el cansancio, le contaré que me hiciste conocer la felicidad más hermosa que jamás sentí en mi vida, de cómo verte reír me curaba, de aquella noche cuando te vi dormir y me sentí la chica más afortunada del mundo.

VOLVER A TI

Cariño, dame la libertad de irme
y volvería a ti una y otra vez.
Aunque ya no recordara mi nombre
ni el camino a casa,
aunque mis huesos pesaran más
que el mismísimo titanio.
Despójame de todo tu cariño,
de todo lo que tengo,
de todos nuestros recuerdos
y aun así volvería a ti como
un perro ciego vuelve a su amo.
Aunque diera un paso a la vez
y tardara cien años en llegar a tus ojos,
aunque las estrellas dejaran de guiarme
y el desierto se me metiera por la boca y los ojos,
regresaría sin reparos, contra viento y marea,
a la calidez de tus ojos y de tu voz,
aunque en ello deje mi último aliento.
Volvería a ti una y otra vez sin pensarlo.

TUYA SIEMPRE, FRIDA

Cae la tarde y la noche se viste presurosa de un manto oscuro y bellos sonidos. Se pueden escuchar los grillos y sus hermosas quejas luego de un largo día. A lo lejos se oyen los ladridos de perros que buscan a sus viejos dueños, como si desde otras vidas me llamaran y yo entendiera su triste agonía bajo una noche tan mágica.

Mi querido Diego, estoy aquí fuera fumando un cigarro y tomando cerveza bien fría, cómo ya sabes que me gusta.

Me pregunto qué harás en estos momentos tan lejos de mí. ¿Acaso me pensarás? ¿Acariciarás mi piel en tu mente y desearás tenerla contigo?

Odio la intermitencia de la coincidencia de tus palabras con tus hechos. Un día me haces tocar el cielo y al otro me estrellas contra el suelo, como si yo no te importara... me agotas, me dueles.

Tú me devolviste a la vida todas las veces que he muerto. La tristeza me consume, te extraño y ningún otro cuerpo tiene el calor que me hace sentir a salvo, solo el tuyo. He bordado otro vestido, si vieras qué bonito me queda. Pero eso nada tiene que ver con que me duelen los huesos y la vida, no puedo vivir sin ti... me falta el aire, me sobran latidos, el mundo tiene una venda en sus ojos, al igual que yo por haberme enamorado de ti.

Jamás me verás como mis ojos te ven. Espero estés bien, y donde sea que estés, pienses en mí, como yo en ti en esta hermosa noche donde los grillos se quejan, los perros ladran tristes y la brisa acaricia mi cara en forma de consuelo.

Tuya siempre, tu Frida.

VALIENTES

Eso somos, dos flores marchitas decorando una habitación que nadie admira y donde no llega la luz. Pero ya ves, cariño, en plena oscuridad nos hacemos compañía, nuestras tristezas caen juntas por su propio peso, sucumbimos a una primavera que jamás nos ha tocado, pero al mirarnos a los ojos no tenemos miedo de morir abrazados, tú ahí y yo aquí, acariciando la magia de ver belleza donde otros solo ven desolación.

Marchito tú, marchita yo, dos almas rotas besando el precipicio de una realidad que siempre nos da la espalda.

Amar mientras se muere es cosa de valientes.

Estoy aprendiendo a amar
a la mujer en que me convertí después de ti.
Al fin la muerte me da una tregua,
al fin la vida no me da la espalda.

DECIMALES

Siempre he dicho que cada uno tiene a su lado el amor que cree merecer, pero jamás imaginé encontrar un amor como el tuyo, un amor que me ha destruido y reconstruido al mismo tiempo.

No existen los amores perfectos y enteros, siempre somos los decimales que van quedando, los restos que otros amores van sumando a nuestra vida, todo ese aprendizaje que queda después de la coma… y juro que nunca fui buena con las matemáticas, pero tu amor me eleva, me hace ser mejor persona.

Amo la ternura con que tu voz calma mis ansias cuando lloro, cuando me vuelvo polvo y oscuridad, tú siempre haces que yo vuelva a brillar, que me nazcan cientos de versos rotos con hambre de ti, cientos de misiles cargados de esa tristeza hermosa que sabes que adoro… amo que me ames así, tan bohemia y lujuriosa a la vez.

Tú despiertas en mí todas esas versiones que pueden florecer con naturalidad a tu lado, esa que puede mostrarse tal cual es sin sentirse rara, esa chica aburrida y triste que solo habla de libros y muerte, esa que sabes lo que piensa incluso antes de decirlo, entonces muerdes mi boca y me siento cielo.

Yo te he visto ser lluvia y también lienzo recién pintado, te he acogido (incluso con dolor) en mi lado izquierdo, solo para mantenerte a salvo de ti mismo.

Te he desnudado con la mirada, con mis manos, con mis libros y mis pensamientos más impuros, pero también te he abrazado para que sientas que en el mundo no todo está perdido, que, a pesar de ser decimales, juntos podemos agregarle valor a todo aquello que lleve incluido amor.

YA NO OLVIDO RESPIRAR

Siento que estoy cambiando, que lo que antes dolía ya no importa. Estoy depositando amor en donde antes había dolor, indiferencia, ausencia. Estoy aprendiendo a estar en paz y a llevarla conmigo a otros lados, estoy desafiándome a mí misma, logrando cosas nuevas, me estoy amando. Estoy viéndote con los ojos del aprendizaje, con todo el cariño que solo quién sabe lo que es perder, puede tener. Estoy cambiando, pero tú sigues intacto aquí, me curas el alma, tu amor me sana.

Cariño, estoy buscando la manera de decirte que tu ausencia ya no me deja sin aire, que he dejado de repetir la rutina del llanto, que ya no le rezo a Dios para que vuelvas y me adores, que he encontrado el camino y me he hecho amiga de todo lo que contigo nunca fue.

Quiero que veas, con mis actos, que ya no te busco, que el dolor que causaste hizo su trabajo, que aquí ya no hace frío, aunque aún no crezca hierba verde. Lamento informarte que la vida después de ti continuó y que ya no olvido respirar, solo eres el eco de un recuerdo que ya no duele al caminar.

Pero mentiría si dijera que no pienso en ti cuando me hablan de amor...

TURISTAS EMOCIONALES

Me asusta la gente que dice "te amo" demasiado pronto, los que hacen demasiadas muestras de cariño y se cuelan rápido en el corazón de uno, los que llegan haciendo ruido y desordenando todo, los mensajes incansables, los detalles bonitos, las palabras adornadas y las etiquetas en todo tipo de redes sociales, recordándonos que estamos allí, en su mente incesantemente... me asusta.

Me asusta porque se lo que se viene después, el tsunami, el tornado, el terremoto de emociones, porque me conozco de memoria la rutina de los turistas emocionales, porque estoy cansada de abrir las puertas y ventanas para luego tener que cerrarlas con un cartel que diga "sentimientos en reparación, me estoy buscando a mí misma".

Me asusta la gente que me cae bien de entrada, con la que me encariño fácilmente, esas que te vienen a la mente cuando estás viendo algo bonito, las que te roban sonrisas cuando estás triste, esas que luego lo mejor que saben hacer es marcharse y dejar un hueco en el medio del pecho. Será porque siempre me pasa lo mismo, porque todo aquello que me hace feliz es temporal en mi vida.

Me asusta la gente que me hace feliz, tengo que aprender que nadie es para siempre, que a veces somos tren y otras estaciones, que lo efímero se queda clavado en la rutina como un recuerdo bonito, que las personas tienen alas y a veces nos toca verlas volar.

ABSTINENCIA

Hay días que me despierto así,
de esta manera tan desesperada de ti
ya sabes, arrastrando los pies
con la boca sedienta
arañando las paredes,
caminando en puntillas
(para no quebrar el piso)
matando con la mirada todo lo que veo
prendiendo fuego todo lo que toco
derritiendo el hielo de tu indiferencia
pidiendo más de eso que tú me das
algo así como una adicta
en sus días abstinencia.

Hoy me tienes así,
rompiendo corazones por la calle
con mi labial rojo y el pelo suelto
pisando firme, segura
con la frente en alto
pero también húmeda y hambrienta.

El diablo me preparó el café esta mañana
luego de aparecer entre mis piernas bajo las sábanas
y no he dejado de sentir esta necesidad
de eso que tú me das.

Solo necesito un poco más,
de tu respiración agitada en mi oído
de tu cursilería barata pero efectiva
de tus manos desesperadas por tocar este cuerpo
de tu lengua lamiendo mi cerebro.

Hoy me tienes en abstinencia,
imaginándote como sabes que me gusta
perverso, lujurioso, salvaje...
bebiendo los versos que se adhieren
a las curvas de mi piel
proclamándote Dios de una religión
que dos por tres practico.

RECUERDOS HOMICIDAS

Hace tiempo no me tocas y haces oídos sordos a los reclamos de este infierno que te vio renacer cientos de veces. He ido acumulando ganas y deseo en una esquina olvidada de la casa, se llenan de polvo, de tristeza y nostalgia.

Me pregunto a qué saben ahora tus besos, tus caricias, tu piel adormecida por mis labios. Qué será de la sangre que se escurre por todos los recuerdos de un amor herido, abandonado, lleno de ausencia.

Me duele la oscuridad que ya no muerdes y la ropa que no despojas de mi inocencia. Estoy sedienta de ti, de tu respiración agitada y tu manera indirecta de decir "te amo" con la mirada y no con los labios.

Se empieza a caer el techo, las paredes y los espejos de esta vieja y triste casa que poco a poco ha perdido su brillo. Otros fuegos intentan hacerla arder, pero ella enmudece cuando recuerda unos ojos y una boca que ya no la miran ni la nombran.

PIEDAD

No dejes extinguir nuestro idioma
no apagues el fuego, no cierres las cortinas,
no bajes el telón, no asesines a sangre fría
mis ganas de amarte, amor,
que los latidos se apagan,
que la sangre se enfría,
que los labios se secan,
que la muerte me asfixia y no te tengo,
no te tengo, amor.

SACRIFICIOS

Mis ojos cansados se cierran, acaricio tu recuerdo y lo beso en la frente. Me siento en una esquina, al lado del fuego, te observo tranquilo y sereno. El momento me recuerda a mi poema favorito de Sharon Olds, ese que habla del fin de lo nuestro.

Puedo imaginarla escribiéndolo, puedo sentir su tristeza, pero sé que después de todo esto vendrá la paz también. Sé que tus palabras arrasarán con todo en estos días, que las noches incontables de insomnios perfectos me van a reclamar ser desvelo, y que voy a morir mil veces por las noches y dos o tres más durante el día. Pero no te preocupes, estaré bien, vamos a estar bien. Que pronto volverá la primavera a tu sonrisa, que alguien más remendará tus daños, mis faltas, mis espacios.

No quiero quitarte mucho tiempo, no más del que te tome darte cuenta de que yo te sigo amando, y que soy capaz de demostrar todo lo contrario con tal de verte feliz, aunque sea tomado de otras manos.

177

Dicen que todos tenemos un punto débil, un talón de Aquiles, una fisura que acaba en fractura, una réplica que nos carcome de ansiedad. En mi caso, eres tú. Tu recuerdo ya no me llena de tristeza, me llena de un amor infinito que no tiene nombre, tiempo ni forma, eres tú, nadie más ocupará ese lugar... solo el silencio.

ALGUIEN QUE TE HAGA SENTIR LO QUE YO NO PUDE

Ojalá conozcas a alguien que te haga sentir todo lo que yo no pude, que mueva cada una de tus fibras y te haga salir de todos los escondites donde yo me quedé a amarte a oscuras.

Ojalá conozcas a alguien que te haga sentir lo que tú me hiciste sentir a mí, esas irremediables ganas de quererme jugármelas por ti, de mover cielo y tierra para que lo nuestro funcionara y no solo se quedara en un "luego vemos que pasa".

Ojalá que alguien te robe el sueño y no puedas dejar de pensarle día y noche, que te quedes como yo, viendo el móvil, esperando su mensaje, y que ella te encuentre en cada canción, en cada atardecer, en cada conversación y en cada risa rodeada de personas que no sean tú.

Ojalá algún día sientas por alguien todo lo que me hiciste sentir y descubras todo lo que me movía el alma, las ganas, la ansiedad y la necesidad de tenerte completo en cuerpo y alma.

Ojalá alguien te de todos los motivos y razones que yo no te di para ser constante, para que la intermitencia y el desinterés no se cuelen entre sus sábanas y abrazos, para despojarse del daño sin incrustarlo uno en el otro.

Ojalá tu boca nunca se llene de todo aquello que nos hizo daño, sino de los recuerdos de las veces en que encendimos las estrellas bajo las sábanas y la piel.

179

PRIPYAT

Me he pasado la tarde entre libros, artículos de historia, café con canela y tu recuerdo. No tengo idea del día que es, vivo en mi mundo, ya sabes, a diario me lo recuerdan los que tienen los pies en la tierra, siempre me ha ido fatal con eso de no ser despistada.

Ojalá mis palabras fueran al ritmo de lo que pienso, ojalá hoy le hubiera podido responder a mi jefe que sé mis horarios de memoria, pero no podía explicarle que, en realidad, estaba pensando en otras cosas.

Había sumado los números de las fechas en que murió San Símaco, el Papa que comenzó a construir el vaticano, el día del accidente de Chernóbil y la caída de las torres gemelas, damos justo con el año en que Einstein dio a conocer la teoría de la relatividad.

Qué increíble ¿no? Todos tenemos una perspectiva diferente de ver las cosas, el tiempo... todo es tan subjetivo. A veces me pierdo demasiado en los detalles, cada vez me cuesta más socializar, no sé qué decir, ¿estará mal? a veces creo que me tomarían por loca si les cuento lo que estoy pensando, menos tú, tú y yo siempre hablamos el mismo idioma.

De vez en cuando me ahogo con las palabras que nunca nos dijimos, y trato de invertir mi tiempo en cosas nuevas, para, de alguna manera, demostrarme que he aprendido a vivir sin ti.

De hecho, estoy aprendiendo a hablar ucraniano, sabes que siempre me fascinaron las historias llenas de vértigo y escalofríos, algún día iré a Pripyat, diré tu nombre en voz alta y la radiación caerá rendida a mis pies, serás palabra santa.

Me he pasado toda la tarde entre libros y café con canela, haciendo cálculos, tratando de entender la importancia de un horario, de una rutina y conversaciones en las que no me reconozco... pero adivina, solo he podido llegar a la conclusión de que en 1905 Einstein descubrió la teoría de la relatividad, así de la relativo es el tiempo.

182

Algo que amo saber es que, todas las cosas que escribo,
todo lo que he sentido, todo lo que hemos vivido
será leído por alguien dentro de muchos años
y esa persona dirá:
¡joder, qué lindo debe ser que alguien te ame así!
y sí, estará hablando de lo que sentí por ti.

PELOTÓN DE FUSILAMIENTO

Esta mañana me he imaginado junto a Aureliano Buendía frente al pelotón de fusilamiento. Quizá, sea mi instinto innato por escapar de la realidad entre libros, pero me vi allí, tomando su mano áspera, cerrando los ojos, esperando algún verso que diera justo en mi pecho y acabara en un borbotón de lágrimas.

Así me siento cada vez que tu recuerdo roza mi garganta y entrecorta mi voz... pero ya no eres tú, es tu recuerdo, ese que no daña, ese que he creado en mi memoria y besa mis costillas, mis vértebras, mis caderas.

Hoy he vuelto a tropezar con viejas heridas; me duelen los labios, la piel infinita que ya no besas, el pelo que ya no acaricias, el alma que abandonas a merced del pueblo. Está mañana me he imaginado junto a Aureliano Buendía frente al pelotón de fusilamiento, adivina quién disparaba.

ROSAS EN LIBROS DE PÁGINAS VIEJAS

Quisiera admitir que hace mucho tiempo he dejado a un lado la absurda idea de que tú y yo somos posibles y que a mis brazos llegas. Que en alguna otra vida u otra dimensión nosotros sí... a todo dijimos sí. Que he dejado de buscarte en todos los artículos de historia que leo, que ya no nos veo en medio de una guerra salvando vidas, besando huesos; se ha secado mi garganta por rezarle a los muertos.

Que jamás me han importado las diferencias que crearon abismos entre nosotros, no olvides que soy suicida emocional, siempre me ha gustado caminar por la cornisa de los sentimientos. Pero dejemos clara una cosa, aquí no se te olvida, porque el olvido, simplemente no existe. Y ya sabes como soy, yo guardo cada uno de nuestros recuerdos como rosas en libros de hojas viejas.

Estoy segura de que hace muchas vidas te vengo escribiendo cartas, quien sabe si algún día las leas ... y a lo mejor un día pasa, tengo suerte y te reconoces en ellas.

Y vienes a mí, contra viento y marea, a caballo (no importa si es de carne o madera) en un barco pirata o quizá en avioneta, y cruzas el mundo, y cruzas tus límites y cruzas tus miedos y llegas a mí, desnudo de prejuicios, de letras llenas de excusas, con otras voces y otras manos, pero llegas.

Quién sabe, pero en la boca tengo sabor a palabras ajenas, y a veces me nacen caricias traviesas que te imaginan hambriento de mis verdades y mis caderas. Más veces mojé las sábanas que las cartas ilegibles que guardo en mi memoria.

No importa el día que es hoy, o el que será mañana, o quizá sí, y tengo suerte y por arte de magia llegas...

LEJOS DEL OLVIDO TE ENCUENTRO

Quién iba decir que al final del principio, abriendo la herida sin miedo a tus recuerdos, me iba a encontrar con un amor tan puro yaciendo en lo profundo de mi alma.

Se oyen sus latidos, tenues, casi susurros; sus ojos se clavan en mis pupilas, llenos de vida y de muerte, suplicando que por favor no te olvide, que lo que alimenta mi alma no tiene por qué ser arrancado por lo que hoy es aprendizaje.

Mira cómo nadas en el mar que hay sobre mis clavículas, las astillas se han ido, todo es llano, límpido, resplandeciente. Aún no me he ido, cariño, sigo aquí hablando con tu recuerdo, en este lugar que dijiste que siempre me esperarías, viendo tu alma más hermosa que nunca, abrazando todos tus secretos, defendiendo con garras tu lado bueno, mi lado bueno.

Quién iba a decir que al final del principio, abriendo la herida, me encontraría aún con amor tan puro, tan vivo, tan lejos del olvido.

Aquí siempre se te ama.

MARCHITOS

DESTINATARIO AUSENTE

Hay un libro que se escribe mientras voy mirándote a los ojos

JAVIER GUTIERREZ LOZANO

Hoy he escuchado 514 veces una canción triste que me fractura el alma. He pensado en escribirle, pero sé que no contestará, no como antes. Le he enviado algunas fotos, algún tiempo atrás, pero el destinatario está ausente.

El cartero dice que allí hace mucho no vive nadie. Intenté llamarlo, para contarle que ahora amo la mujer que veo en el espejo; que siento que ella ha vivido cientos de vidas y que en todas lo ha buscado; que mi pelo largo y triste extraña sus manos y que mis ojos aun besan las citarices de su alma, pero la operadora dice que ese corazón ya está fuera de servicio.

Hoy he llorado por dentro todo el día, quizá porque es domingo, y los domingos las ausencias se incrustan un poco más, como el filo de sus palabras en el lado cóncavo de mi pecho.

Hoy me he permitido estar en ruinas, caminar por los escombros de nuestros recuerdos, pero todo a mi alrededor se derrumba, algo cae del cielo, creo que son misiles, a medianoche, me siento Sarajevo... tiemblan los balcanes, las réplicas se sienten en todos los huesos. Hoy no hay muro que contenga esta nostalgia, ¿te imaginas ser un niño que tuvo que aprender a sonreír entre las ruinas? Así me siento sin él.

EPÍLOGO

24 junio 2021, Buenos Aires

Todo camino que emprendemos nos hace evolucionar de una o varias maneras. A veces la vida nos lleva por senderos que jamás imaginamos transitar. Marchitos y esencialmente Jessica, para mí tienen sabor a experiencia; no solo a dolor, amor o conciencia social, sino a crecimiento personal fundido con una gran capacidad empática para describir lo que brota del alma.

Conozco a Jess de esta y otras vidas, sé de dónde viene y hacia dónde va y las adversidades que ha tenido que sortear. Este poemario relata todo eso, su dolor ante los atentados, el abandono y la desidia; sobre su capacidad de adaptación ante un mundo lleno de personas que entran y salen de tu vida sin miramientos; sobre los amores de tintero, sobre su menopausia precoz y su cuerpo con el cuál finalmente ha llegado a una tregua.

Conozco sus letras al punto de que, cuando las leo, siento que ha mirado a través de mí, siempre siento que nadie como ella para explayar en una hoja en blanco la vida y el universo.

Micaela Stutz

ÍNDICE